本书系教育部人文社会科学研究项目"刑事涉案财物处置的抗辩问题研究"（项目号21YJC820038），以及"中央高校基本科研业务费专项资金资助"社科类重点项目"公安机关涉物刑事强制处分权配置与制衡研究"（项目号2020JKF213）的研究成果

刑事诉讼涉物处分权
配置与制衡研究

XINGSHI SUSONG SHEWU CHUFENQUAN
PEIZHI YU ZHIHENG YANJIU

田力男◎等著

中国政法大学出版社

2022·北京

图书在版编目（ＣＩＰ）数据

刑事诉讼涉物处分权配置与制衡研究/田力男等著. —北京：中国政法大学出版社，2022.12

ISBN 978-7-5764-0741-9

Ⅰ.①刑… Ⅱ.①田… Ⅲ.①刑事诉讼－强制执行－研究－中国 Ⅳ.①D925.218.34

中国国家版本馆 CIP 数据核字(2023)第 011174 号

出 版 者	中国政法大学出版社
地　　址	北京市海淀区西土城路 25 号
邮寄地址	北京 100088 信箱 8034 分箱　邮编 100088
网　　址	http://www.cuplpress.com（网络实名：中国政法大学出版社）
电　　话	010-58908285(总编室) 58908433（编辑部）58908334(邮购部)
承　　印	保定市中画美凯印刷有限公司
开　　本	720mm×960mm　1/16
印　　张	12.5
字　　数	205 千字
版　　次	2022 年 12 月第 1 版
印　　次	2022 年 12 月第 1 次印刷
定　　价	65.00 元

内容提要

Synopsis

　　本专著聚焦刑事诉讼涉案财物，以权力的配置与制衡为主线，通过概念界定、法理分析、制度述评、建议论证，力求对刑事诉讼涉物处分权的配置与制衡作系统、全面研究。本书内容贯穿刑事诉讼的主要阶段，涉及刑事诉讼的主要办案机关。本书第一章明确了"涉案财物""涉物处分"两个基本概念，并将涉物处分类型化为程序性涉物处分、实体性涉物处分、介于两者之间的"准终局性"涉物处分、介于前两者之间的过程性涉物处分及其他措施四部分，明确了研究对象。第二章从前置、本体、延伸三个层面，论述了刑事诉讼涉物处分权配置与制衡的基本原则，搭建了研究框架的基础。第三章至第七章从理论、制度、实践等层面，先后论述了不同涉物处分及其对应权力的配置与制衡，并对存在的问题提出了解决思路和方案。

　　本书作者及具体分工如下（以撰写章节先后为序）：

　　田力男（中国人民公安大学副教授、博士生导师）：

　　第一章、第二章、第三章、第六章、第七章。

　　程李英（中国人民公安大学刑事诉讼法学博士研究生）：第四章。

　　张喆祥（中国人民公安大学刑事诉讼法学博士研究生）：第五章。

CONTENTS 目 录

第一章
引论暨相关范畴界定

第一节 "涉物"即涉案财物的界定

一、传统视域下的涉案财物

(一)追溯作为法律术语的"涉案财物"

对"涉案财物"的理解与界定,笔者曾有研究并简单论证。[1]"涉案财物"虽然在各种官方文件中使用已久,但并非刑事诉讼立法中的术语。至今,该称谓已经比较广泛地被理论和实务界接受。据笔者查证,"涉案财物"一词在法律规范中首次出现于2010年11月公安部印发的《公安机关涉案财物管理若干规定》(以下简称《公安规定》)。在2015年伊始,两办(中共中央办公厅、国务院办公厅)向全国相关部门印发《关于进一步规范刑事诉讼涉案财物处置工作的意见》(以下简称《意见》)这一文件。同年,最高人民检察院印发《人民检察院刑事诉讼涉案财物管理规定》(以下简称《高检规定》)[2]、公安部修改《公安规定》。各地方也探索制定各自实施办法,近年陆续有新试行的地方规定,如2017年北京市在通州区试点并配套推行《北京市刑事诉讼涉案财物管理实施办法(试行)》,后于全市范围内推广运行;山东省将其作为地方标准的建设内容之一,推出行业标准(DB 37/T 4122-2020)即《涉案财物集中管理场所

---

[1] 参见田力男:"刑事涉案财物保管与处置新制研究",载《法学杂志》2018年第8期。

[2] 2010年检察系统相关规定称之为"涉案款物"。

建设规范》，等等。

有实践专家梳理后认为，"涉案财物"作为法律概念经历从"赃款赃物"的提法（也被称为"赃证物"——笔者注），到"扣押、冻结款物"的术语（也被称为"涉案款物"——笔者注），再到如今实践和规范中通用的"涉案财物"的称谓。[1]即认为"赃款赃物"的法律概念经历了"扣押、冻结款物"等称谓后转为"涉案财物"。

（二）作为学理概念的"涉案财物"

从前述作为法律规范文件中的表达以及对涉案财物的论述中可窥见，不仅在实践中有关机关对涉案财物的界定并不清晰，而且学术研究中同样存在分歧。对于涉案财物的定义和范围，学者们也有各自的观点。有学者认为刑事涉案财产往往具有多重法律属性和不同的法律价值，并且其可能的处置方式贯穿了从侦查到执行各个诉讼阶段。基于制度规定及实务应用繁乱复杂的原因，目前学界对于"涉案财物"的理解多具有片面性，但是从整个刑事诉讼过程对于涉案财物处置的"周延性"要求来看，涉案财物应当具有较为广义的范畴。即"涉案财物"应该有个广义的定义，认为涉案财物是在刑事诉讼过程中可能与案件处理直接或间接相关的、受法律规制的、具有财产价值的物的总称。[2]有学者认为涉案财物不仅包括可能作为违法所得、犯罪工具和违禁品而予以没收、返还的赃款赃物，也包括可能作为执行财产刑、退赔被害人而予以保全的被告人合法财产，还包括单纯作为证据使用的当事人或案外人的财物；不仅包括已经查控在案的"可执行之物"，还包括尚未查控在案需要继续追缴或责令退赔的"待执行之物"；不仅包括具有财产价值的实体物，还包括非实体物及对物的相关权利。[3]

---

〔1〕 参见马杰："刑事涉案财物及其处置研究"，中国人民大学 2017 年博士学位论文。

〔2〕 参见陈卫东："涉案财产处置程序的完善——以审前程序为视角的分析"，载《法学杂志》2020 年第 3 期。

〔3〕 参见向燕：《刑事经济性处分研究——以被追诉人财产权保障为视角》，经济管理出版社 2012 年版，第 153 页；参见王勇："论刑事涉案财物处理程序——基于规范化的分析视角"，载《山东审判》2017 年第 5 期。

但还有学者却有不同观点,其认为"涉案财物"一词尽管具有统合作用,但它不应当成为一个开放性的概念,应当在司法解释中明确界定刑法、刑事诉讼法中所出现的不同概念的内涵,避免将"涉案财物"作为一个"大口袋"。[1]类似的观点还有,根据《中华人民共和国刑法》(以下简称《刑法》)第64条规定,结合国外立法例关于涉案财物的规定,明确将刑事涉案财物分为违法所得、违禁品或其他对社会具有危险性之物以及供犯罪所用之物。[2]

与此同时,有学者分析涉案财物的外在表现特征时,以特定类型案件中的涉案财物为例,认为其具有多样性、复杂性、时效性、跨地域性等特点。[3]也有学者认为涉案财物具有与犯罪的关联性、违法性、对犯罪事实和量刑情节的证明性、认定与处置主体的法定性。[4]

笔者认为,对涉案财物概念的认识应从分析其属性着手,通过与相近概念的比较,进而再归纳提炼为学理与法律共同可接受的定义。另外,还有必要对涉案财物的判断问题作出规则构建。以下笔者侧重从实务应用的角度,适当结合其法理层面的属性等分析予以论证。

(三)"涉案财物"属性的简析

正因为"涉案财物"法律概念历经多种称谓变化,本身内涵和外延模糊,各时期没有明确的法律定义,也没有学理认可的通识概念,故在现实中很难统一认识。特定物品是否属于涉案财物更多需要办案人员根据主观经验判断。理论上也并未提供实用性的指引。长期以来,人们似乎将"证据"与"涉案财物"理解成独立的两个事物。狭义化地将"涉案财物"局限于"具有经济价值的财产",这是侧重于"财"层面的涉案财物。涉案财物虽然并不完全等同于传统意义的"证据",但与"证据"本身有很大的重叠。从其能够证明案件事实的层面而论,大多数可以视为具有"证

---

〔1〕 参见熊秋红:"刑事诉讼涉案财物处置程序检视",载《人民检察》2015年第13期。

〔2〕 参见乔宇:《刑事涉案财物处置程序》,中国法制出版社2018年版,第11~12页。

〔3〕 参见刘璐:"论涉众型涉案财物处置机制之形塑——以涉案财物在侦查阶段中的处置为视角",载《长春师范大学学报》2019年第11期。

〔4〕 参见乔宇:《刑事涉案财物处置程序》,中国法制出版社2018年版,第10页。

据价值"。可作"证据"之外，兼有"财"和"物"的属性。因此，针对不同的"物"，会出现不同的管理标准和要求。如公安机关使用的涉案财物概念，不仅包括"财"（具有经济价值的财产）、"物"（具有证据价值的物品、文件），还包括违禁品。[1] 且"财"本身也有很多可作为"证据"。

以上是从"证据性"与"财产性"的发挥作用、产生或具有价值的维度简要分析涉案财物的属性。另外，涉案财物的关联性、权属性、是否合法等问题留待下文（主要集中于与相近概念比较、判断规则等）中一并论述。

（四）与相近概念比较后的"涉案财物"定义

"涉案财物"的提法虽然没在刑事诉讼法典中直接出现，但在 2013 年最高人民法院司法解释中使用。[2] 笔者曾在论文中[3]认为"涉案财物"与最高人民法院、最高人民检察院司法解释"对查封、扣押、冻结的财物处理"语境下的对象大体相当，但这只是经验论的初步判断。当时论题及篇幅所限并未就此问题深入探讨，但细究起来两者差异犹在：后者可能包括类似"保全"措施下的被告合法财产（可能与犯罪无关），特别是在刑事附带民事诉讼的审判阶段更能体现出这一差异，而前者可能尚未成为后者措施所及范围——通俗地说，"涉案财物"可能没被"查、扣、冻"，而（合法）"查、扣、冻"的也可能不是"涉案财物"。[4] 另外，涉案财物范围广于"犯罪嫌疑人、被告人逃匿、死亡案件违法所得的没收"特别程序中"违法所得及其他涉案财产"，前者所指犯罪工具不限被追诉者本人所有，其他财物若需作证据使用亦属于涉案财物的范围；后者通常限

---

〔1〕 如公安部《公安规定》（2015 年）第 2 条所指称的涉案财物包括，违法犯罪所得及其孳息；用于实施违法犯罪行为的工具；非法持有的淫秽物品、毒品等违禁品；其他可以证明违法犯罪行为发生、违法犯罪行为情节轻重的物品和文件。

〔2〕 参见 2012 年最高人民法院公布的《关于适用〈中华人民共和国刑事诉讼法〉的解释》（以下简称《高法解释》）第 16 章"查封、扣押、冻结财物及其处理"，如第 364、366、367 条。

〔3〕 参见田力男："刑事涉案财物保管与处置新制研究"，载《法学杂志》2018 年第 8 期。

〔4〕 参见乔宇：《刑事涉案财物处置程序》，中国法制出版社 2018 年版，第 8 页。

定为"供犯罪所用的本人财物"。[1]最后，它也不同于"刑事裁判涉财产部分"[2]的事项范围，后者包括法院执行的财产刑，且犯罪工具仅限本人财物。

结合前论，"涉案财物"可从诉讼中需保管的"涉案证物"与"待司法终决处置之涉案物"两方面理解，即主要体现其"证据性""财产性"两方面价值。从保管与处理机制角度，诉讼各阶段都需对涉案财物进行保管，直至最终裁判主文明确处置该等物品。有的观点从公安司法机关采取相关措施的角度界定涉案财物，即我国的刑事涉案财物，主要是指公安司法机关在刑事诉讼中查封、扣押、冻结的与刑事案件有关的，依法应当予以追缴、责令退赔或者没收的财物及其孳息。[3]此种定义方式固然有意义，而且强调了排除"与刑事犯罪案件无关的财物"。但笔者认为从涉案财物本身的类型出发，结合现行法的角度界定更有助于澄清其正面范围，并更具有现实操作性。总之，依据现行有关司法解释、部门规章，在传统视域下，笔者所指称的"（刑事）涉案财物"主要包括与案件有关的犯罪所得及其孳息、实施犯罪所用物、所非法持有的违禁品，以及其他与案件有关的主要作为证据的财物。[4]

（五）涉案财物的判断

在判断是否属于涉案财物时，从传统的分析视角出发，一般需要满足形式要件、属性要件和实质要件。所谓形式要件，即笔者概括的涉案财物的范畴或类型，即表现形式。具体包括上述所概括的与案件有关的犯罪所得及其孳息、犯罪工具（不限于本人所有物）、非法持有的违禁品，其他证据类财物。所谓属性要件，笔者认为涉案财物一般应兼有财产性、证据性的双重特征属性。财产性即具有财产价值，证据性即具有证明价值。但在对具体的涉案财物特性分析时会发现，司法实践对犯罪所用物、违禁

---

〔1〕　参见 2012 年最高人民法院《高法解释》第 509 条。

〔2〕　参见 2014 年最高人民法院《关于刑事裁判涉财产部分执行的若干规定》（以下简称《高法涉财执行规定》）。

〔3〕　参见乔宇：《刑事涉案财物处置程序》，中国法制出版社 2018 年版，第 7 页。

〔4〕　参见《高检规定》（2015 年）第 2 条，《公安规定》（2015 年）第 2 条。

品、其他证据类物品的处置中大都在强调证据价值，比较忽视财产价值，除非该财物本身具有明显重大的财产价值。其实，理论上具有产权的涉案财物应该被强调财产性而受到应有的财产性保护。最后，关于涉案财物应具有的实质要件，笔者认为可界定为"与案件有关"。但这里并不完全等于证据的相关性。因为一方面，当涉案财物财产价值微小时，至少须具有证据性特征，所以"与案件有关"一般体现为证据的相关性；另一方面，考虑到具有财产属性导致其需由诉讼终局处置产权，所以其又不是完全体现为证明案件事实本身的这种"关联"，还应存在有待被该案最终处置的独立价值。

二、科技发展、数字时代背景下涉案财物概念的延展

（一）虚拟财物作为涉案财物问题

利用大数据、区块链、人工智能等手段，现代社会已经全面进入"数字化"时代。其中，数字、虚拟的概念和相关科技创新理念已经覆盖到货币、产品等交易领域。随之而来的是数字货币、电子类无形物等虚拟财产、网络虚拟物品对传统物概念的突破。这在世界范围的刑事诉讼领域也已经显现，而且还有的国家或地区对此出现争议。

这里以"比特币"[1]为例试做探讨。在我国，虽然相关法律规范规定[2]目前否定虚拟货币属于货币的法律地位和属性，但仍将比特币等虚拟货币认定为一种特定的虚拟商品，肯定了虚拟货币的财物属性，[3]且在某种程度上默许了虚拟货币作为商品的可交易性。如山东警方曾扣押"比

---

〔1〕 比特币是一种 P2P（点对点、个人对个人）形式的虚拟的加密数字货币。P2P 的传输意味着一个去中心化的支付系统。它是一种数字货币，已有个别国家承认其法定地位。

〔2〕 参见 2017 年中国人民银行等七部委《关于防范代币发行融资风险的公告》；2021 年中国互联网金融协会、中国银行业协会、中国支付清算协会《关于防范虚拟货币交易炒作风险的公告》（重申虚拟货币是一种特定的虚拟商品，不是真正的货币）等。

〔3〕 参见狄克春、王光磊："虚拟货币刑事追缴措施刍议"，载《中国刑事警察》2021 年第 3 期。

特币" 诈骗涉案资金 2700 余万元，[1] 这虽然包括不是直接扣押比特币的
其他情况，但比特币显然已经作为相关涉案财物进入侦查视线。在韩国，
其最高法院曾裁定加密货币可被视为有价值的资产，在刑事起诉中允许被
没收，如 2018 年韩国司法裁判没收在儿童色情网络犯罪案件中检获的 191
枚比特币，约合 143 万美元；其实 2014 年 5 月韩国下级法院曾经裁定被告
的网络资产不能被扣押，原因是它们没有实体形式，只以电子形式存在，
而韩国最高法院否决了这一裁定，认为加密货币可以算作 "从货物贸易中
获得的利润"。[2] 而在美国，扣押比特币并不是问题，实践中的焦点在于
如何管理、处置被扣押的比特币。[3] 总之，最近，世界各地的警察机关已
在刑事诉讼中扣押了许多比特币，[4] 作为涉案财物的网络虚拟财产早已进
入人们视野。

实践中已经将比特币等一类虚拟物视为涉案财物并采取了相应的诉讼
措施。而在理论上，似乎缺少对虚拟物作为涉案财物的专门研究。从司法
裁判来看，审判阶段对该类虚拟物做出处置，在特定条件下作为犯罪获利
没收应无可厚非。但目前争议焦点集中在审前，即侦查机关应采取何种手
段对加密货币、虚拟财产进行扣押，如何对其进行有效管理等仍有待斟
酌。如美国政府的 SAM 数据库中指出，建议应由第三方承包商提供管理
服务，代为进行过程性处置该类虚拟物。对于第三方的资质也有具体研

---

〔1〕 参见 2020 年 6 月 7 日，该日山东省菏泽市巨野县公安局近日破获一起特大电信网络诈
骗案，打掉多个涉嫌以网贷和投资 "比特币" 为名实施电信网络诈骗的团伙，抓获犯罪嫌疑人 83
名，扣押、冻结涉案资金 2700 多万元，目前 30 名主要犯罪嫌疑人已被巨野警方依法移送到检察
机关审查起诉，载 https://baijiahao. baidu. com/s？id = 1669401572558159005&wfr = spider&for = pc，
最后访问日期：2021 年 7 月 16 日。

〔2〕 参见墨钧泽："在一刑事案件中，韩国最高法院下令扣押 140 万美元比特币"，载 https://
www. jinse. com/bitcoin/198894. html，最后访问日期：2021 年 7 月 16 日。

〔3〕 参见 "美国法警局正在寻找能够处置被扣押比特币的承包商"，载 https://baijiahao.
baidu. com/s？id=1669188536419151889&wfr=spider&for=pc，最后访问日期：2021 年 7 月 16 日。

〔4〕 参见 "Chainalysis 推出服务以追踪扣押的比特币（BTC）"，载 https://0xzx. com/
202011131758949920. html/amp，最后访问日期：2021 年 7 月 16 日。其他国家的具体例证包括，如
2021 年 2 月德国警方扣押但却无法提取 6000 万美元比特币；2020 年 8 月日本加密货币行业法律先
例做出，东京地方法院首次下令扣押比特币；2020 年 12 月，在打击暗网市场中，芬兰警方扣押全
数遭查获的比特币，等等。

讨，认为这类承包商必须能够提供全方位的虚拟货币管理和处理服务，应包括但不限于会计、客户管理、审计合规性、管理区块链分叉、钱包创建和管理、私钥生成和保管、私钥材料的备份和恢复、空投等活动。[1]其实，这些涉及深层次需要论述和研究的问题，即作为虚拟物在刑事诉讼过程中如何被合理控制及保管、管理、处置等。但在此需要明确的是，这并不妨碍该类虚拟物应被界定为涉案财物。无论如何，承认这类虚拟物有资格作为涉案财物应是实践中的大势所趋。在理论上，一方面不能因为现实中存在查扣、管理、处置等类似难题而否认其作为涉案财物的法律定位；另一方面，虚拟的货币等数字财产在实质上可能作为与案件有关的犯罪所得及其孳息，更可能属于实施犯罪所用的"物"，以及其他与案件有关的证据，即完全可能符合涉案财物所应具有的判断要素的要求和学理概念的内涵。尤其是从传统的形式要件、特征要件、实质要件等方面分析，以比特币为代表的网络虚拟物品、虚拟财产完全具有成为涉案财物的可能。

随着科技发展，在数字信息时代背景下，虚拟财物对物的概念确实产生了延展作用，也体现在扩大了涉案财物的原有表现形式上。比特币只是一个缩影，涉案财物未来可能呈现的形态还会更加多元。

(二) 电子类数据与外部载体作为涉案财物问题

前文探讨了网络虚拟化财产作为涉案财物的可能，尤以比特币为典型进行论述。其实，相较于比特币这类虚拟财产，现实社会和司法实务使用愈发普遍和广泛的是电子类形态的数据，相对应在刑事诉讼中体现的即作为证据种类之一的电子数据。其实，从证据角度解读涉案财物时就会发现，除了物证、书证一般比较容易被辨识是否属于涉案财物之外，视听资料、电子数据在证据种类中最容易产生是否归属涉案财物的争论。而在网络信息革命不断深入，电子信息技术不断发展，社会生活已经呈现"点击生活"状态下，电子数据大有取代视听资料，甚至是其他种类的多数证

---

[1] 参见"美国法警局正在寻找能够处置被扣押比特币的承包商"，载 https://baijiahao.baidu.com/s? id=1669188536419151889&wfr=spider&for=pc，最后访问日期：2021年7月16日。

据,而成为"证据之王"的状态。所以,澄清电子数据及其外部载体与涉案财物的关系非常有必要,也是现实中不容回避的问题。

1. 关于电子数据与涉案财物的关系问题

首先,反思实务中否定论。实务中最常见的观点是认为电子数据并非涉案财物,充其量属于涉案财物的电子化表现形式,即将涉案财物通过智能化方式记录、存储于载体、设备中,但两者不能等同。笔者承认涉案财物包含虚拟物,但电子数据本身并不等同于虚拟物。不过,一方面电子数据确有可能相对独立地存在,甚至有待诉讼处分;另一方面,电子数据除了作为证据之外,有可能承载诸如财产性利益或权利,甚至可能涉及人身依附关系因而负载人身权利,以及隐私权、个人信息权益等内容。所以,从权利保障的实质角度出发,笔者认为构建涉物强制处分制度时有待斟酌该类虚拟物。尤其需要注意本书研究的主题是刑事诉讼涉物强制处分权配置与制衡问题。其背后涉及公民基本权利的保障、救济等制度设计。电子数据既然可能含涉公民的基本权利,包括但不限于财产权、人身权、隐私权,甚至还有新型的信息利益等,在刑事涉物强制处分制度重置探讨时就不可能忽视电子数据与权利保障的实质关系。所以,笔者认为可以从电子数据的内容辨析其所涵盖的权利,再以权利的独立程度决定电子数据处置制度中的基本立场。总之,简单机械地否定电子数据作为涉案财物的可能本身就在逻辑上有瑕疵,也不符合权利保障的价值取向。

另外,从正面角度思考电子数据作为涉案财物的问题,即将涉案财物的外延扩展至包含电子数据的形态也具有一定的正当性,理由如下。

第一,在社会智能化、"数字化"的大背景下,涉案财物的表现形式也有数据化的趋势,在电子数据独立于实物类证据并承载若干基本权利或利益后即可划归涉案财物的行列。我国目前正在快速经历农业社会、工业社会、网络社会并行发展的过程。其中各行业生产制造和服务提供日益机器化,而机器日益网络化、智能化;社会越来越需要高科技支撑下高质效完成各项工作的智能模式,例如比较受推崇的方式是创新型人才将社会需求开发、设计为系列程序,并能由互联网机器自动识别并完成相应工作等。[1]既然这种社会生产方式已经朝智能化方向发展，整个社会的运行似乎都在以电子化、数字化的方式呈现，司法法律业务也不例外。就国家政策层面而言，我国近年非常重视现代科技对法律行业发展的引领、驱动与促进作用。近五年的国家重要决策、文件等很多提到"互联网""人工智能""数据"，并与法律业务相关。其重点推进云计算、物联网、大数据为代表的新一代信息技术与现代产业等的融合创新，表现在司法领域即是电子化数据的形态逐渐替代实物的形式。2017年国务院在《新一代人工智能发展规划》中部署"智慧法庭"等相关建设。如建设集审判、人员、数据应用、司法公开和动态监控于一体的智慧法庭数据平台，促进人工智能在证据收集、案例分析、法律文件阅读与分析中的应用，实现法院审判体系和审判能力智能化。[2]其中的证据和案卷材料形态电子化、数据化即是涉案财物在法庭上的表现形式。当电子数据不再是对实物的映射，而可以独立反应案件事实，承载公民基本权利之时，独立化后的电子数据在理论上成为涉案财物，并被涉物处置制度作为客体对待应该没有障碍。

第二，电子数据逐渐在诉讼中成为"证据之王"，传统的实物证据、有形物可能不再是诉讼证据或涉案财物的唯一形态，甚至不是主流。尼古拉斯·尼葛洛庞帝较早以"数字化"概括现代人的生产和生活方式，认为"人类生存于一个虚拟的、数字化的生存活动空间，在这个空间里人们应用数字技术（信息技术）从事信息传播、交流、学习、工作等活动"。[3]执法司法也同样身处在数字化当中，如在线诉讼将诉讼活动通过数字化形式予以固定，电子数据也会作为主要的诉讼证据随之应用。另外，在面对面庭审方式中，电子数据也已经成为"证据之王"。因为随着数字化时代的到来，社会活动的边界在真实与虚拟之间逐渐模糊。电子数据作为物质形态的表征已成为网络信息时代的"证据之王"，在刑事司法领域具有越

---

〔1〕 参见杨攀、杜志红："互联网+法学本科教学改革的需求、困境与出路"，载杨宗科主编：《法学教育研究》（第25卷），法律出版社2019年版，第345页。

〔2〕 参见《新一代人工智能发展规划》，载 http://www.gov.cn/zhengce/content/2017-07/20/content_5211996.htm，最后访问日期：2020年8月6日。

〔3〕 ［美］尼葛洛庞帝：《数字化生存》，胡泳、范海燕译，海南出版社1997年版，第7页。

来越重要的价值。相应地，具有证据和财产双重价值的涉案财物也完全可以进行数据化的改革。直接将符合传统涉案财物认定标准的已有的电子数据纳入其范围，并与其他实物一道作为涉物处置的客体是改革成本最小的方式。当然，如果时机成熟，配套条件具备，则可考虑系统化改革涉案财物的判断标准，以及相应改革涉物强制处分制度。这可能是未来更广泛推行在线诉讼后的衍生改制。

第三，构建涉物查扣制度，即涉物强制处分改革不能将电子数据收集问题搁置或回避。我国目前的相关规定中对于电子数据收集问题，并未明示为强制处分制度，似乎以"调取"等方式一带而过。实践中存在对规定的变通执行方式，可能连调取的程序约束还达不到。电子数据收集事关公民基本权益保障。诚如前论，因电子数据可能承载的广泛又重要的权利，收集电子数据的程序规范理应明显超越单行规定的"调取"约束程度。涉物强制处分改革重在协调强制侦查的限度与公民私权保障的力度。一方面，电子数据收集在很多国家被视为搜查、扣押制度的一种，理论上具有强制侦查的性质；另一方面，我国越来越广泛的电子数据取证，特别是刑事立案前的取证已经将法律授予的数据"调取"行为任意侦查化，严重脱离基本权益保障的轨道。即刑事司法机关在利用电子数据优化侦查手段、前移实施侦查手段的时间节点，实现有效打击犯罪的同时，也侵犯了公民个人信息、财产，甚至人身权等诸多领域，两者之间的冲突日益凸显。本质上搜集调取电子数据应受到涉物强制处分的制度约束，其前提是将电子数据物化，且须正确理解其背后产生的权利干预现象和性质。对此，笔者认为，诉讼中电子数据一方面可纳入涉案财物的范畴统一管理，另一方面更为重要的是根据收集过程中侵犯权利程度设计规划配套的诉讼制度，构建系统、科学、合理的涉物查扣等强制处分制度，包括配置相应职权并形成制约。在此仅论说电子数据可以成为涉案财物的问题。

2. 关于电子数据的外部载体与涉案财物的关系问题

第一，澄清对外部载体理解上的多面性。在探讨电子数据的外部载体相关问题时，首先需要澄清外部载体的含义。从最狭义的角度理解，外部载体一般应是有形物，如从大型电子计算机主机及其硬盘，到包括手机等在内的便携式电子产品，都可以负载电子数据等内容。这就如同书证的载体一般是看得见、摸得着的实在的物质一样，电子数据的载体通常也被认为具有外在物质形态所应具有的一切特征，并且本身即是有形物质。但这仅是比较传统、狭义角度的理解。从现今的科技发展程度而言，要么是有形物作为载体但其越便携、越微小而承载的数据量越大越流行，要么索性摒弃有形的外部状态，转为无形的云端模式作为新型载体。目前，从手机数据云备份保存的方式、电脑办公文档同步在线存储的形式，到多种外部载体异地共享云端数据的便捷、高效运转工作和信息传递模式等都可看出，电子数据的外部载体已经越来越走向智能化、无形化的发展方向。但同时又有一点未曾改变的，即是电子数据与外部载体的关系犹如书证思想内容与书证的外部载体一般，两者在本质上是内容和其存储、承载器具的关系。只不过，随着科技的发展，承载的工具由实定性的物品转为虚拟性的"场域"或"空间"了。

另外值得强调的是，笔者认为，刑事诉讼实践中对电子数据作为涉案财物采取相应的强制处分措施时，亟待确定电子数据的外部载体是否亦应被同时或分别采取一定的措施。其中，对外部载体的辨识即是关键。尤其当涉案电子数据可能具有多种外部载体时，如何确定对各种外部载体应否采取以及如何采取强制性措施，同时各种外部载体之间是否具有被采取相应措施的顺位性、优先性、豁免性等值得研究。其实，研究的焦点应在于有形外部载体与无形外部载体分别作为刑事诉讼涉案财物的相应特点，以及配套构建涉物处分的相应规则。由于全书论述结构之需，对于涉物强制处分中的职权配置、制度改造或新制论证等重要的争议点及其解决方案将在后文涉及的章节中展开论述。以下，仅从电子数据外部载体的特征层面简要分析，并着重揭示其成为涉案财物、可能被采取涉物强制处分的可能性问题。

第二，外部载体的独立性问题。之所以在电子数据之外，还探讨其载体作为涉案财物的问题，主要因为其具有独立性。对于有形物的外部载体而言，物质性似乎比独立性更显而易见；对于无形的载体，物质性和独立性就都不易理解了。其实，这里所谓的"独立性"是从法律权益保障视角的界定。如有学者论述的那样，数据存储介质的独立价值更体现于其所承载的财产权上。而且该学者还对比了传统书证的外部载体的财产性价值，认为实物表现层面的书证载体价值可大可小，甚至文书类的书证的外部纸张载体的财产价值几乎可以不计（但就物质性而言仍然具有独立性——笔者注）；对比后发现，电子数据的外部载体财产性价值明显更大，不仅远高于传统纸质载体的财产价值，而且作为基本生活用品、生产资料将产生更大价值（本身的直接价值和作为工具将产生的间接价值等）。[1]即一方面如手机、电脑等在生活、工作中常见常用的电子物品本身价值较高；另一方面，作为生产资料的重要的外部载体，如生产设备、机器等将发挥除自身价值之外更多的衍生价值，如生产制造性、商业交易性等重要财产价值。笔者认为，这些仍然主要是围绕有形物的论述，至于诸如云端等无形的外部载体如何认定其独立性也需探讨。首先，就物质属性方面，云端载体仍然是一种"物"的存在，只不过属于特殊的"看不见""摸不着"的无形物。其次，就价值而言，笔者认为其承载数据的巨大性本身决定了载体的价值，如其保存、持有信息利益的工具性价值等亦可量化为财产价值。当然，无形载体的建设、维护、经营等都将使载体具有成本价值和商业价值。最后，笔者认为既然在以上价值层面都能体现有形或无形载体的独立性，则相应地进入刑事诉讼领域成为涉案财物就有了物质性（证据性）和财产性的基础。这也就意味着对涉案的电子数据的外部载体进行涉物强制处分时，完全可能创设独立于电子数据的独立的处置制度，即无论从比较法考察，还是学理论证上都显示对外部载体采行独立的强制性措施的合理性。[2]后文相应章节也会涉及并展开论证。

---

〔1〕　参见裴炜：《数字正当程序——网络时代的刑事诉讼》，中国法制出版社 2021 年版，第 247 页。

〔2〕　如美国近年判例有对手机（即电子数据的外部载体）搜查的制度进行反思，认为其以往在逮捕中附属适用存在问题，随即形成新判例，要求对逮捕执行中的手机搜查适用单独的审批制度，即须单独申请令状，参见陈永生："论电子通讯数据搜查、扣押的制度建构"，载《环球法律评论》2019 年第 1 期；另外关于此问题的更多学理论述参见裴炜："论刑事电子取证中的载体扣押"，载《中国刑事法杂志》2020 年第 4 期等。

第三，外部载体的附随性问题。这里的附随性主要体现在两个层面。其一，外部载体附随于其内部包含的电子数据。一般的逻辑应是内部的物质依附于外部的环境场域或载体。但这里强调的是作为涉案财物的外部载体，作为证据性物品时需依附于内部的电子数据才有证据性价值或才能具有成为涉案财物的可能性。因为在判断"是否与案件事实有关"，即对证据的相关性辨识和分析时，载体的相关性评价附属于内部数据的相关性评价。[1]其二，外部载体的附随性还可能体现在执行拘留、逮捕等人身性强制措施时针对电子数据载体的附带性搜查。这是从外部载体与电子数据的使用、控制主体，也是外部载体的持有主体（相关人员）之间的关系角度的分析。这意味着针对外部载体采取涉物强制性措施时的指向具有间接性，亦即电子数据的外部载体可能被附随于人身而被从属性地强制处分。无论从何种角度理解，作为载体都不可避免具有附随性或称附属性。也就是说，外部载体之所以能成为涉案财物，主要是其承载的电子数据或者是其持有者的原因。从某种意义而言，发动对外部载体的涉物强制处分似乎主要由其内部电子数据或其持有人的涉案性所导致。但又不能片面强调附随性而否定独立性。尤其是从涉案财物的角度认识外部载体时，务必要处理好独立性与附随性的关系问题。笔者认为，可以从两者的对立与融合中寻找平衡点。以下从"统一性"角度试图论证、解决。

第四，电子数据内容与外部载体的形式统一性问题，以及外部载体与涉案财物的关系。既然如前所论，电子数据可作为涉案财物，通过正当法律程序对其采取涉物强制措施在理论上没有障碍。而外部载体既具有独立性，又具有附随性，因此对其采取涉物强制措施在理论上需要探讨，且与电子数据本身被强制处分时的条件并不一定相同。如何协调外部载体因独立性、附随性兼具而产生的矛盾？笔者认为主要应从其与电子数据的"可统一"的程度方面着手解决。当电子数据依附于外部载体，且理论上无法分离或不便分离时，此时外部载体与电子数据属于互相依存的关系，则外

---

〔1〕 参见裴炜：《数字正当程序——网络时代的刑事诉讼》，中国法制出版社 2021 年版，第 245 页。

部载体的独立性属于第二位阶。此时如果外部载体的经济价值很小，而且外部载体没有承载其他数据信息或利益的，笔者认为电子数据内容与外部载体形式具有比较高度的统一性，则外部载体可与电子数据一并作为涉案财物被处置。但是，这种情况毕竟属于少数。尤其在科技发展的网络时代下，电子数据一般不可能与外部载体无法分离，所以这种"统一"属于"小众"的情况。大多数情况，外部载体的独立性大于附随性，即一般应视为相对独立之物，甚至因无法与电子数据"视为一体"，不具有"统一性"而与案件的相关性不断被弱化。毕竟具有思想内容的电子数据才是取证的目标，其外部载体并不具有证明案件情况的相关性，况且外部载体所具备的其他较重大的法律利益情况使其自身显现出独立性价值。这必然将导致外部载体与涉案财物之间不能直接画等号，或者至少属于第二层次的、与案件有间接关联的涉案财物。所以即使此种情况下此类外部载体可被视为涉案财物而可采取相应的涉物强制处分，也务必需注意要与电子数据受强制性处分的条件相异，即须额外附加实体性、程序性条件方能处置。

第二节　关于"涉物处分"的合理界定

一、传统的"强制处分"概念

本书主题中的关键词包括"涉物处分"。对"涉物处分"界定之前，有必要对其相近的学理概念"（涉物）强制处分"做出厘定，以明确区分并在比较后澄清各自的含义。提到"强制处分"，一般在比较法中与"强制措施"概念等同。当然，其并非《中华人民共和国刑事诉讼法》（下文简称《刑事诉讼法》）中所指称的强制措施。在大陆法系传统观点中，强制处分不仅包括针对人身自由的暂时限制、剥夺的预防性措施，还包括涉及财产权，甚至隐私权等基本权利的干预行为。如在我国台湾地区的强制措施就囊括了对人以及对物的若干措施，而且所使用的正是"强制处分"一词。我国台湾地区有学者认为强制处分，因其对象之不同，得分为对人强制处分与对物强制处分二种。对人强制处分，乃于人所实施之强制处分，如传唤、拘提或逮捕及羁押属之；对物强制处分，乃对物所实施之强制处分，如提出命令，搜索及扣押属之。此项处分之直接对象，虽为物，但受拘束者，仍为人。[1]可见，强制处分本质上是国家公权力对公民基本权利的合法干预、约束和限制。如果从抽象层面概括，强制处分所针对的基本权利既包括人身权，也包括财产权等；如果还原为具体的载体或对象，强制处分直接针对的是犯罪嫌疑人、被告人及其财物，也可能是其他人（如被害人、案外人等利害关系人）的财物。这些财物即前文所探讨、概括的涉案财物。当然，这里权利的享有者都是自然人或单位等主体。所以，就有从权利被干预的角度认识这种强制处分的实质。如果从学说溯源的角度，则其应该是借鉴了德国 20 世纪 50 年代的一些学者们（如 Niese、Amelung 等）关于"刑事诉讼强制措施为刑事诉讼上之基本权利干预"的理论。[2]

另外，传统上将强制处分视为诉讼行为进行研究并以此为基础，相应建议法律制度层面改革的路径等有一定的弊端。一方面，诉讼行为本身的含义尚存争议。如能被国内不同学者从不同角度接受的典型观点至少有三类，即包括能引起诉讼法上效果的行为；[3]能发生诉讼法上的效果且须符合诉讼法规定的构成要件的合法行为；[4]能够引起预期的诉讼效果，但未必是合法的行为。[5]据笔者所查阅的资料显示，诉讼行为及其相关学说目前在我国还未有比较通行的理论体系。当然，可以将之作为理解强制处分的一种方法或工具，但也仅具有某种参考性的价值。另一方面，即使以前述某种较为有合理性的观点定义诉讼行为，[6]从而将强制处分纳入到诉

---

〔1〕 参见陈朴生：《刑事诉讼法实务》，海天印刷厂有限公司 1981 年版，第 163 页。

〔2〕 参见林钰雄：《刑事诉讼法》（上册 总论编），中国人民大学出版社 2005 年版，第 225～226 页。

〔3〕 参见［日］谷口安平：《程序的正义与诉讼》，王亚新、刘荣军译，中国政法大学出版社 1996 年版，第 135 页。

〔4〕 参见陈朴生：《刑事诉讼法实务》，海天印刷厂有限公司 1981 年版，第 114 页。

〔5〕 参见［德］克劳斯·罗科信：《刑事诉讼法》，吴丽琪译，法律出版社 2003 年版，第 222 页。

〔6〕 参见陈永生："大陆法系的刑事诉讼行为理论——兼论对我国的借鉴价值"，载《比较法研究》2001 年第 4 期。

讼行为的体系，仍存有一定的问题。比如有学者曾论证从传统的诉讼行为理论角度出发研究强制处分可能衍生的问题，即受传统诉讼行为理论影响的早期理论界有把强制处分视为单纯的诉讼行为进行研究，在刑事诉讼目的正是通过一系列诉讼行为得以实现的理论框架下，认为作为诉讼行为进行构建的强制处分通常不接受法院的事后审查；而且从效率价值出发，该种研究认为强制处分作为诉讼行为应当与裁判一并接受审查而无需被单独提请审查，以免审判中的裁判矛盾以及对诉讼效率提升的影响。[1]笔者认为，将强制处分套用进诉讼行为的理论是一种理论上的尝试，也属于常规的论证思路。但除了如前述学者所指出的问题所在之外，似乎还忽略了另一个角度及其可能产生的问题。试想，在我国立案作为开端的刑事诉讼程序中，如果某项实质上相当于强制处分的行为是在立案之前作出，如何对权利受侵害者进行相应救济？亦即，一方面需要某种事后审查的可能是还未进入到刑事诉讼的"诉讼行为"，即对诉讼尚未开展的情况，如何规限相应的类似强制处分的措施；另一方面，比起事后审查，事前授权、同步监督、权利被干预方的抗辩、异议，不同性质的救济途径（不限于该裁判法院的事后审查）等也都同样值得关注。当然，从诉讼行为角度可以构建类似审批的制度，但多维度的救济或系统的权利保障制度恐怕未必会得到关照。总之，如果仅从传统观点的诉讼行为角度出发，甚至仅将涉物强制处分限于程序性行为研究都将是不恰当的。可以肯定的是，不仅下文将论及的涉物处分涵义多面、丰富，就连此处的涉物强制处分也不仅只有程序性限权的内涵，更有可能实质上处分、干预，甚至终结相关实体性产权的某种状态。在研究和分析框架上，从诉讼行为出发是一种理论视角，但不可忽视的是在构建相关制度时更需从系统论的全局出发，探索更具合理性和可能性的方案。

---

〔1〕　参见胡杰：《刑事诉讼对物强制措施研究》，武汉大学出版社 2018 年版，第 35 页。

二、本书对"涉物处分"的理解与界定

(一) 涉物处分的广义化理解——兼及与"强制处分"的关系

笔者将"涉物处分"界定为包括针对涉案财物的程序方面的强制性措施（即涉物强制处分），以及实体性处置措施[1]，再加上介于两者之间偏向实体性的具有准终局性处置效力的措施或者偏向程序性的临时处置有待终决的措施，另外还有对以上措施状态具有延续作用的其他保障性措施。即"涉物处分"指刑事司法专门机关采取的对涉案财物及权利进行程序性控制或终决性处置等一系列措施的总称。如果借鉴侦查行为中包括强制性侦查与任意性侦查的划分方式，与强制性处分相对应的是任意性处分。"涉物处分"前未有"强制"限定，并不意味着该处分措施即是任意性措施，也不是仅指包含强制性与任意性措施。这里的"涉物处分"系刑事司法系统的公权力机关以国家强制力为后盾，对刑事诉讼中的被追诉人或第三人的财物，在符合特定条件下采取的限制、剥夺财产性权利的过程性强制处分和终局性处分。可见，本书所主张的"涉物处分"涵义大于"涉物强制处分"。在上述对"涉物强制处分"的探讨中，提及了传统的大陆法系一般认为其与涉物强制性措施基本等同的观点，但笔者认为仍应对其留下一个容纳其他实体性处分的可能空间。当然，在本书以"涉物处分"为主题的背景下，对"涉物强制处分"是否应包含除了程序性强制处分之外的部分带有实体性处分，甚至是终局性处分的措施这一问题显得不那么重要。即使严格遵从大陆法系传统上对"涉物强制处分"的界定，在本书所

---

[1] 笔者这里所称的"实体性处置措施"意指法院在审判阶段通过裁判对涉案财物的最终处置。鉴于本书所界定的涉案财物范围不包括被追诉人全部的合法财产，而且财产刑（主要是没收财产刑）属于量刑范畴，与本书所谓"涉物处分"的"实体性处置措施"所要探讨的对"被控制的在案财物"的终局处理也不是一个领域的问题，故这里对涉案财物的"实体性处置措施"理论上不包括罚金、没收财产等财产刑。当然，实践中时有针对合法财产采取违法查控措施，最后被法院以没收财产的财产刑方式最终处理的现象。对此，本书在相关论述时会涉及；同理，对于是否应将目前作为侦查行为规定在我国刑事诉讼法中的"查扣冻"等措施改造为财产保全措施，即是否可以针对合法财产采取这类措施等问题，本书也会论及。即此时不会因合法财产作为标的或客体时而忽略实践中待解决的关联问题。

主张的"涉物处分"范围远大于"涉物强制处分"的情况下，前面对是否属于"涉物强制处分"所争议的措施仍可视为包含于"涉物处分"之内的应有内容。就此而论，似乎"涉物处分"之内可以划分为几大类型的措施。第一类，纯粹的程序性行为，如限制财产权的查封、扣押、冻结，但不能划拨等实质处分财产权，一般都由侦查机关行使，也可由司法机关行使，但总体上属于保全性措施（目前在我国的刑事诉讼法中属于证据保全，是否可界定为财产保全待后文涉及时再展开论证）；第二类，纯粹的最终司法终局处分，如裁判没收，这类措施只能通过法院以司法裁判的形式作出，需要补充说明的是笔者认为其应当扩及于执行，而执行中可能会衍生出职权配置与制衡问题也待后文解决；第三类，可视为介于前两大类之间，但本身又可至少细分为两个小类的措施：其一，可在非审判阶段非由法院作出的准终局性处置财产权的行为，如侦查机关作出的审前财产返还措施等，或者虽由法院作出裁决但终局性尚待执行检验的，如（继续）追缴；其二，可在非审判阶段非由法院作出过程性处置财物措施（如通过变卖转化财物的存在形态，对财物保值），但仍须待司法终决处置该财产权，典型的如侦查阶段的先行处置；最后，如保管、管理等对以上措施的状态具有延续作用的保障性措施应独立于前几类涉物处分。

（二）采取广义化界定的理由

1. 从围绕涉案财物深化研究对物之诉等相关具体理论角度出发，涉物处分的措施范围应涵盖对物之诉的研究视域

从理论研究层面，在我国"对物之诉"理论的研究已经在基本证成后逐步深入发展。但与对物之诉相关的具体理论，如涉物处分权力配置与制衡、对抗涉物处置权的"涉物抗辩"等系统理论鲜有研究。在对物之诉的理论贡献方面，国内较早由万毅教授在"独立没收程序的证据法难题及其破解"一文中提出我国刑事诉讼特别没收系"对物诉讼"；[1] 较早由戴长林法官在"依法规范刑事案件涉案财物处理程序"中将普通和特别程序没

---

[1]　参见万毅："独立没收程序的证据法难题及其破解"，载《法学》2012年第4期。

收统称为"对物之诉";[1]陈瑞华教授在"刑事对物之诉的初步研究"中将其分为两种模式,即独立性对物之诉与附带性对物之诉。[2]目前,对普通和特别程序涉案财物追缴统称为"(刑事)对物之诉"的概念及理论渐被接受。但相关涉物处分的制度研究在产权保护方面多集中于规范涉物处置。刑事涉物处理中产权保障、处置制度改革的研究比较集中于程序改造方面,如近年的相关著作包括胡杰博士的《刑事诉讼对物强制措施研究》[3]、戴长林法官的《刑事案件涉案财物处理程序——以违法所得特别没收程序为重点的分析》[4]、吴光升教授的《刑事涉案财物处理程序研究》[5]、何永福博士的《刑事诉讼涉案财物处置程序研究》[6]等。当然,学界相关研究中还有的侧重于涉物管理体制改革,[7]或从民营企业特殊主体保护方面研究涉物处置,[8]等等。虽以上少有结合对物之诉方面的理论研究涉物处分权,但主张规范涉物处置及其具体程序完善等为代表的已有研究成果也具有重要的价值。基于此,一方面本书立足已有研究成果,拟对涉案财物处分权继续深化研究;另一方面,也是为了弥补目前对物之诉理论和已有研究成果的某些疏漏之处,本书围绕对物之诉等相关具体理论,将涉物处分的措施界定于涵盖对物之诉的客体范围的"物"能够在刑事诉讼中受到的各种处理、处置的内容,这也是实现对既有研究深化的一个切入点。总之,涉物处分的广义化界定将有利于与对物之诉研究的理论

---

〔1〕 参见戴长林:"依法规范刑事案件涉案财物处理程序",载《中国法律评论》2014年第2期。

〔2〕 参见陈瑞华:"刑事对物之诉的初步研究",载《中国法学》2019年第1期。

〔3〕 参见胡杰:《刑事诉讼对物强制措施研究》,武汉大学出版社2018年版。

〔4〕 参见戴长林主编:《刑事案件涉案财物处理程序——以违法所得特别没收程序为重点的分析》,法律出版社2014年版。

〔5〕 参见吴光升:《刑事涉案财物处理程序研究》,法律出版社2018年版。

〔6〕 参见何永福:《刑事诉讼涉案财物处置程序研究》,社会科学文献出版社2020年版。

〔7〕 参见李玉华:"论独立统一涉案财物管理中心的建立",载《法制与社会发展》2016年第3期。

〔8〕 参见陈卫东:"涉案财产处置程序的完善——以审前程序为视角的分析",载《法学杂志》2020年第3期;熊秋红:"在刑事程序法上加强民营企业家人身财产安全保护的若干建议",载《法律适用》2019年第14期。

衔接。

2. 从官方政策文件、学理解释角度，确定"处分"的广义范畴

本书的"处分"类似官方文件中的"处置"以及学理论著中的综合性"处理"或"处置"。之所以本书没有直接使用"处置"表达想要概括的措施内容，一方面是因为在法律规范性文件中多使用"管理"而没有直接使用"处置";[1]另一方面，正如前述的与学理近似的概念为"强制处分"，考虑到进一步囊括相关的措施，所以使用"处分"概括。值得一提的是，分别存在于政策文件、学术论著中的涉物"处置"的概念其实也稍有差异。首先，在两办（中共中央办公厅、国务院办公厅）的《意见》中，虽然没有直接规定何为处置，但相关条文的表述中可以看出处置几乎覆盖了刑事诉讼专门机关对物可以采取的所有措施，以及相关制度。从查封、扣押、冻结、保管、管理、审前返还、先行处置、查询、划扣、追缴及执行、上缴国库，到境外追逃追赃，再到利害关系人权利保障与救济，以及各机关协调配合与监督制约，最后到责任追究等都被纳入"处置工作"的范畴。另外，在学术研究中，对涉物处置界定的代表性的观点包括："刑法与刑事诉讼法法定措施结合说"认为，根据刑法、刑事诉讼法的规定，刑事涉案财物处置即为主要包括查封、扣押、冻结、追缴、责令退赔、返还被害人、没收等措施。而且该论者还对各种具体措施的含义也进行了相应界定，更为关键的是对涉物处置的法律性质进行澄清;[2]"实体处理为主说"认为，对涉案财物的法律处理主要指实体意义上的根据刑法规定的追缴、没收或责令退赔。[3]该种从实体处理角度解读、界定涉物处置的，认为刑事涉案财物处理措施为追缴、责令退赔、没收与返还被害

---

[1]　除了 2015 年两办《意见》这一属于政策性的文件中明确提及"处置"之外，其他法律规范性文件主要使用"管理"，如 2015 年公安部的《公安规定》，2015 年最高人民检察院的《高检规定》;又如地方试行的规则，如 2017 年《北京市刑事诉讼涉案财物管理实施办法（试行）》等。

[2]　参见乔宇：《刑事涉案财物处置程序》，中国法制出版社 2018 年版，第 12~15 页。

[3]　参见戴长林主编：《刑事案件涉案财物处理程序——以违法所得特别没收程序为重点的分析》，法律出版社 2014 年版，第 1~2 页。

人这四种措施。[1] 在学理上，一般对涉案财物处置或处理的界定比较多元。有的侧重实体，有的为程序与实体结合性的措施。当然，从纯粹程序措施上界定"处置"的较少，此时一般使用"涉物强制处分"。总之，从官方政策文件、学理解释角度，将"处分"界定为纯粹的程序性措施恐怕并不合适。将其界定为包括程序措施与实体处置皆在内的广义范畴较为合适。而且笔者还拓展到了介于两者之间的领域内的一些措施，可谓最为广义的处置界定方式。

3. 本书研究宗旨，以及刑事诉讼法、刑法相关规定的模糊与争议性决定了不可能将"处分"完全局限于刑事诉讼法或刑法中的措施

本书对涉物强制处分的研究旨在拓展涉案财物领域的理论内容，丰富对物诉讼的理论研究；对涉物处分职权配置与制衡相关制度的合理构建、相应诉讼权利和行为保障提供立法建议；推动完善程序法治，解决刑事涉案财物处置中的现实问题，健全产权执法司法保护等。从研究宗旨而言，为了实现理论探讨时覆盖问题的全面性，使产权保护的相关论述更为丰富、具体，也使得与处置相关的限制公权性措施和保障产权的相关制度建议更有说服力，对基本概念涉物处置的界定应当尽量周延对物的各类刑事公权行为，即采取广义说更具合理性、科学性，也符合价值目的性。

退一步讲，即使完全将涉物处分限定为涉物强制性措施，也无法仅研究刑事诉讼法中列举的几类措施。因为刑法中规定的几种涉物处置行为的法律定性甚至内涵时至今日仍有争议。如追缴、责令退赔、没收等措施的学理争论中，仅以追缴为例说明，其中就有人认为类似追缴的措施属于侦查机关在诉讼中采取的强制措施，[2] 也有人认为追缴并非实体处分，而是

---

〔1〕 参见吴光升：《刑事涉案财物处理程序研究》，法律出版社 2018 年版，第 64 页。当然，该论者在专著中对处理涉案财物的程序展开论述时除了上述四种措施外还包括了保全、追偿、外逃涉案财物追回等制度内容。

〔2〕 参见胡成胜："我国刑法第 64 条'没收'规定的理解与适用"，载《河北法学》2012年第 3 期。

涉物程序性措施的一种，〔1〕等等。可见，有必要从刑事一体化的角度，将刑法与刑事诉讼法中涉物处分的相关法定和学理内容统筹考虑，对涉物处分做出更周全的界定。

4. 从刑事司法实践角度出发，出于实用主义的考虑，也不可能仅限定于研究程序或实体单一类型性质的行为，不顾及对其他层面处分措施的研究

党的十九届五中全会要求健全产权执法司法保护制度。十八大后中央对产权保护提出新要求。《关于完善产权保护制度依法保护产权的意见》强化产权保护的法治路径。习近平总书记在民营企业座谈会上强调保护企业家的财产权。〔2〕但仍有刑事涉案财物被非法处置、侵犯现象，如在扫黑除恶中对于涉黑恶类案涉案财物的处分就有些存在争议。再如一直被诟病的刑事司法实践中的超范围查控、恣意先行处置的情况；〔3〕还有终局实体处分中的扩大没收比例、对合法财物以财产刑方式"消化"等，即可能存在将违法查控的涉案财物最终以"追缴没收"方式处理之外，还有转化为以"合法"财产刑处理的隐规则；贯穿整个刑事诉讼过程的"罚没财物由

〔1〕 参见何帆：《刑事没收研究——国际法与比较法的视角》，法律出版社2007年版，第104页。
〔2〕 参见"习近平在民营企业座谈会上的讲话"，载《人民日报》2018年11月1日，第1版。其中相关的讲话原文为："保护企业家人身和财产安全。稳定预期，弘扬企业家精神，安全是基本保障。我们加大反腐败斗争力度，是落实党要管党、全面从严治党的要求，是为了惩治党内腐败分子，构建良好政治生态，坚决反对和纠正以权谋私、钱权交易、贪污贿赂、吃拿卡要、欺压百姓等违纪违法行为。这有利于为民营经济发展创造健康环境。纪检监察机关在履行职责过程中，有时需要企业经营者协助调查，这种情况下，要查清问题，也要保障其合法的人身和财产权益，保障企业合法经营。对一些民营企业历史上曾经有过的一些不规范行为，要以发展的眼光看问题，按照罪刑法定、疑罪从无的原则处理，让企业家卸下思想包袱，轻装前进。我多次强调要甄别纠正一批侵害企业产权的错案冤案，最近人民法院依法重审了几个典型案例，社会反映很好。"
〔3〕 如典型的吴英集资诈骗案中，吴英在2007年被捕后，当地办案机关曾在未经其同意的情况下拍卖了其部分资产，包括酒店和汽车等（曾有媒体报道"吴英案现转机：多处财产价值被低估 资产大于负债"，载https://china.huanqiu.com，最后访问日期：2015年4月2日；参见"吴英案多处财产价值被低估 中央文件推动案件现转机"，载www.mnw.cn，最后访问日期：2015年4月2日等）；又如曾因死刑复核引发关注的曾成杰案也遭遇过未判决已处置涉案资产的质疑，等等。参见陈霄："规范涉案财物处置再出新规"，载《法治周末》2017年12月27日，头条财政版。

财政按比例返还办案机关"的暗箱操作在一些地方犹存等。可见为了强化产权司法保护，落实中央重点强调的产权保护精神，对涉物处分的研究理应涵盖实践问题所在。

另外，我国立法层面已新搭建"对物之诉"的刑事司法权力框架，但在某种程度上却相对忽视对涉物处分权的制衡，而且配置的合理性上也有待进一步斟酌；从涉物权利方辩护、异议的实质保障上制约涉物处分权滥用的系统制度也有待完善，甚至其中有的领域规定还是缺失的。如 2021 年《高法解释》增修普通程序对涉案财物的独立审判制度并相应授权审查、处理、执行等；降低特别程序中没收证明标准，且强调缺席审判亦可对涉案财产处置。《中华人民共和国反有组织犯罪法》扩大追缴涉案财物范围、没收认定标准更低。以上涉辩方、利害关系人抗辩规则寥寥，却倒置部分证明责任、回避"善意取得"问题等。从列举的这一方面即可窥见对涉物处分权制约的相关制度还亟待建设。总之，这些症结既源自程序处分，也来自实体处分，还有些属于复合领域的问题。所以，本书所研究的涉物处分权在界定涵义时将尽可能覆盖到最广泛的领域及相关措施的内容。

（三）本书对涉物处分的类型划分——兼及探讨几种具体"涉物处分"的性质

正如前论，笔者将"涉物处分"界定为几个层面类型的措施，以下分别对其按类别概论，并将着重对其性质予以探讨。

1. 程序性涉物处分

针对涉案财物的程序性的强制处分，或过程性强制处分，即为涉物强制处分。对于具体种类，通常认为包括查封、扣押、冻结等涉物强制性措施。对于这类措施的性质的探讨包括，对其界定为侦查措施（行为）还是强制措施？另外诸如搜查、查询等从性质上分析是否可归入其列？

笔者认为，首先可以肯定的是其属于程序方面的强制性措施。其次，一般建议将其归入强制措施之列，认为性质上属于强制措施的行为应该受到司法审查的制约，即摆脱目前我国刑事诉讼法中仅将"查扣冻"作为侦查行为予以规定而不受外部司法性审查、授权与制约的现状。笔者认为，这种观点将制衡涉物处分权等同于强制措施受审批后才能实施，存在一些误会。如我国的强制措施制度中除了逮捕，其他基本还是侦查机关自我审批，并不是赋予强制措施的称谓和以此定性就能解决司法性授权与制衡涉物处分权的问题；另外侦查行为在理论上可分为任意侦查和强制侦查，对于后者在应然层面须受到外部机关司法性的事先审批和授权才能开展和进行。所以，笔者认为并非界定为侦查性质就排除了强制处分权受制衡的可能。但如果仅界定为侦查行为或措施的性质，则会排除作为司法机关的法院适用此类措施的正当性。而且单纯作为侦查性质或措施的"查扣冻"在深层次的功能定位上似乎仅能局限于"证据保全"，而与比较法上在一些国家或地区立法规定或实际存在的、在理论上也颇受推崇的"财产保全"〔1〕的定位可能没有交集。综上，笔者建议不应将"查扣冻"等仅限定为侦查性质或措施，为了给法院采取该类措施预留理论正当性，以及为赋予诸如"财产保全"的功能定位和结构重塑提供可能性，"查扣冻"等可先笼统被定位为刑事司法机关采取的过程性或程序性涉物强制性措施（涉物强制处分）。

　　最后，对于搜查和查询的措施性质问题简要分析如下：笔者认为搜查被列入涉物强制处分毫无争议，尽管搜查还兼有对人强制性措施的定位，〔2〕但这并不影响搜查可能专门或兼有针对涉案财物进行强制处分的性质。而查询这一措施虽然表面上没有强制性，目前也似乎被相关规定归入任意侦查行列。〔3〕但笔者认为如果查询措施行使不当，包括滥用该措施的

---

〔1〕　方柏兴："对物强制处分的功能定位与结构重塑"，载《北京理工大学学报（社会科学版）》2019 年第 1 期。

〔2〕　当然，在目前的法律规定中，如《刑事诉讼法》第 196 条法院不能采取搜查的措施，但这不影响因搜查的涉物强制处分性而被归入程序性（过程性）强制性措施（涉物强制处分）之列。

〔3〕　如在实定法层面，目前的 2020 年《公安机关办理刑事案件程序规定》第 174 条将初查修改为调查核实，同时重申了立案前此阶段可以进行的行为（理论上应理解为任意侦查），包括查询。即"调查核实过程中，公安机关可以依照有关法律和规定采取询问、查询、勘验、鉴定和调取证据材料等不限制被调查对象人身、财产权利的措施。但是，不得对被调查对象采取强制措施，不得查封、扣押、冻结被调查对象的财产，不得采取技术侦查措施"。

过程中以及后续阶段可能对个人财产性信息权利造成比较大的侵犯，甚至可能由此对财产权产生间接损害。有学者从查询具有干预公民个人隐私的实质，以及现行法佐证等层面论证查询具有与搜查相当的强制性，即财产信息的"查询"仅是手段，最终是要获取财产状况及其变动信息。虽然查询行为不会限制或者剥夺被追诉人的财产，但是公民财产状况及其变动情况在宪法意义上属于个人隐私，查询财产信息则会造成对公民隐私权的干预。公民向金融机构提供自己的财产及其信息并不等于其愿意对外公开财产信息，这些财产信息仍然承载着不能被侵犯的法律利益。从纸张承载信息发展到网络电子化信息时代，查询的程序要求一直被法律严格地限定，如《刑事诉讼法》第 144 条所要求的"依照规定"查询主要因查询涉及公民个人隐私、企业正常经营等权利或利益，且《公安机关办理刑事案件程序规定》第 238 条对查询财产信息"应当经县级以上公安机关负责人批准"的规定被该学者理解为实际上是将"查询财产"作为与"搜查"性质相同的强制性侦查。[1]笔者基本赞同该分析，甚至认为查询活动的不当开展可能引发公民财产权的间接受损。即同样主张宜将查询理解为涉物强制处分措施。总之，从网络信息时代保障公民个人信息权益以及传统的财产利益的角度，应将查询也列入具有强制性的涉物处分措施行列，并建议原则上在立案前禁用，且在立案后须经相应审批才能实施。当然，由于可能造成侵权的性质和程度的差异，在具体的审查授权的制度构建上也应体现比例性和特殊性，不一定和搜查适用同样的审批程序规范。

2. 实体性涉物处分

与程序性强制处分相对应的毫无疑问是实体性处置措施。但目前在我国《刑法》第 64 条的规定中涉及的几种对犯罪物品的处理（涉物处分）的性质甚至本身的涵义在学界仍有争议。追缴、责令退赔、返还（被害人）财产、没收等具体属于何种性质？此部分着重对"没收"定性予以探

---

〔1〕 参见谢登科："论侦查机关电子数据调取权及其程序控制——以《数据安全法（草案）》第 32 条为视角"，载《环球法律评论》2021 年第 1 期。

讨，其他三种措施在后文再行展开论述其性质。笔者认为，首先这里的处理并非刑罚中的附加刑，即财产刑中的没收财产或罚金。虽然该规定（《刑法》第 64 条）仍在该法的"第四章刑罚的具体运用 第一节量刑"范围内，[1]但显然该法第三章的条文才是"刑罚"集中、具体的规定。从注释法学的角度解释，显然立法没有把"没收"（包括"追缴""责令退赔""返还财产"等）视为刑罚的种类而规定。当然，单纯从我国刑法条文的体例安排作出体系解释，从而排除其中诸如"没收"的处置措施作为刑罚的性质并不是基于学理探讨的应然结果。考察相关学者的观点可见，对于"没收"性质的争论尤甚。例如具有"财产刑说"、"保安处分说"、"刑罚与保安处分双重性说"、"刑罚或保安处分说"、"多重属性说"[2]或者"司法行政强制措施"[3]等诸多观点。如果从刑法的角度出发，笔者依然不认为其属于"财产刑"，而认为其带有某种"保安处分"的色彩，但并不是典型的对人保安处分。其似乎更偏向于专门针对物的与之前所谓刑罚或保安处分相并列，系相对独立的"涉物的终局法律后果"。这既有比较法上的支持，[4]又能解释该措施针对物而不具有明显惩罚性的特点。笔者认为因"任何人不能从自己犯罪中获利"或者基于剥夺特定物使用的预防再犯等目的而采取没收涉案财物的做法，与没收个人全部合法财产或罚金的"惩罚性"明显具有本质区别。另外，这里从前文提到的可能的创新或突破的视角出发，即承接"对物之诉"的理论要点，并试图深化该理论研究的立场，笔者认为可以将普通程序裁判的没收与特别程序裁判的"违法

---

〔1〕　参见我国《刑法》第四章"刑罚的具体运用"中"第一节 量刑"的第 64 条（犯罪物品的处理，即涉案财物的实体处置——笔者注）："犯罪分子违法所得的一切财物，应当予以追缴或者责令退赔；对被害人的合法财产，应当及时返还；违禁品和供犯罪所用的本人财物，应当予以没收。没收的财物和罚金，一律上缴国库，不得挪用和自行处理。"

〔2〕　参见谢瑞智：《刑法总论》，正中书局 1999 年版，第 403 页，转引自乔宇：《刑事涉案财物处置程序》，中国法制出版社 2018 年版，第 13~15 页。

〔3〕　参见高铭暄主编：《新编中国刑法学（上册）》，中国人民大学出版社 1998 年版，第 347 页。

〔4〕　如德国、芬兰、丹麦等大陆法系的刑法典中有不少立法例将类似处理措施单独设立，不属于前述范畴性质。

所得没收"在"没收"的性质上作一体化、同质化认定。[1]从而也能得出两者的"没收"都不宜被定性为"刑罚"措施。因为显然后者的"没收"系"未定罪的没收",更不能将该种没收理解为刑罚;在"对物之诉"理论框架下,普通程序和特别程序的"没收"性质应相同。综上,笔者认为"没收"在定性上应否定"刑罚说";而对于其他观点,如"保安处分说"虽具有一定合理性,但在适用对象上还不能与"涉物"相匹配;而"司法行政强制措施说"似乎忽略了这类涉物处分中实体性措施处置的终局性,即其明显不是那种待事实查清后再作处理的暂时性的措施。所以,笔者倾向于将"没收"定位为"对物之诉"体系下"相对独立的涉物终局处置"性质,并非"财产刑",也不是典型的"保安处分"或"司法行政强制措施"等。

对于其他的几种措施,笔者认为分析路径上可与"没收"性质的分析过程大体一致,总体而言都应相对独立于目前的几类性质定位。至于具体的探讨,下文相应的部分再行展开。总体上,笔者认为追缴、责令退赔、返还财产都具有涉物的某种程度上的实体处置性。但终局性上仍然与没收具有一定的差异。正是这种差异提供了制度改革的可能性。

3. 介于前两者之间的"准终局性"涉物处分

介于前两者之间偏向实体性的具有"准终局性"处置效力的措施,即"准终局性"涉物处分。笔者认为该类性质的涉物处分包括返还财产、责令退赔以及追缴。前两者与最后一种措施被归为该类的原因不同。首先,笔者认为其中的"返还财产"可能因适用的诉讼阶段不同而在涉物处置上具有"准终局性"。这从实定法规定的"对被害人的合法财产,应当及时返还"[2]当中也能找到实体法的合法性支持。从诉讼程序角度分析,不仅

---

〔1〕 尽管在没收的涉案财物范围,即没收对象上可能不完全相同,如普通程序没收包括违法所得、被告本人所有产权的犯罪工具、违禁品等,而特别程序的没收从称谓上仅限定在没收"违法所得",但一方面其实如《刑事诉讼法》第298条所规定的,特别没收也包括"依照刑法规定应当追缴其违法所得及其他涉案财产的"范围;另一方面,即使两者没收范围稍有不同也不妨碍从"对物之诉"理论角度分析得出两者的性质相同的结论。

〔2〕 参见我国《刑法》第64条。

现有单行规定曾对以上实体条文有程序配套规定，而且因认罪认罚从宽制度的实施使得实践中于审前返还财产的可能性增强。但这毕竟不是司法终局裁判中对于不应没收部分涉案财物作出的"返还（被害人）财产"的裁判。所以，笔者对非审判阶段的"返还财产"称为"准终局性"的涉物处分。

其次，对于"责令退赔"应分为理论解读和实践运行两个层面。理论解读上，"责令退赔"在实体法中被规定，应作为对于涉案财物已经被非法占有或非法处分后，原物不复存在时对"返还财产"的司法处决的替代性措施；实践运行中，与审前实施返还财产的措施数量增多相同，也是因认罪认罚从宽制度的大力推广使审前退赔的情况增多。当然，这也许并不是"责令退赔"的立法初衷——"责令"明显带有司法处置的视角。但实践中广泛存在于认罪认罚过程的，主要为了表明被追诉人在审前认罪基础上还"认罚"的"退赔"一般并不带有"强制性"，反而是"自愿性""悔罪性"的体现。当然，具体实施中肯定离不开侦、诉机关的"责令"。而且笔者认为，"行动中的法"（即具体实践活动）更应为法律改革或解释提供动因、依据。所以，更可将"责令退赔"与"返还财产"的适用阶段相匹配，都可扩大到审前，但应定性为具有"准终局性"处置效力的措施。

最后，追缴的"准终局性"主要应从自身实体结果实现的或然性方面理解。目前学界对于"追缴"性质的定位仍然众说纷纭，包括"等同没收说"、"程序性与实体性并存说"（类似"追回+处分"——笔者注）、"作为对刑事涉案财物处理的原则与要求说"，[1]或者"程序性控制说""追回说""追回+处分说""收归国有说"，[2]等等。笔者认为这些争论可以简单概括为"一元为主说"和"二元复合说"。"一元为主说"即以程序性、实体性，或单纯的追回措施、单纯的处分措施之中的一种为主体性

---

〔1〕 参见胡宝珍等：《刑事涉案财物处置的法律机制研究》，厦门大学出版社 2018 年版，第66~68 页。

〔2〕 参见乔宇：《刑事涉案财物处置程序》，中国法制出版社 2018 年版，第 34~37 页。

质;"二元复合说"则包括以上的两种不同方面结合来定性。在此笔者欲另辟蹊径,结合前文曾论述的创新思路,此处的"追缴"可从"对物之诉"的理论角度理解。其一,笔者赞同从总体上宏观理解追缴,如有学者有时将对物之诉在整体上又称作"涉案财物追缴程序",即在刑事公诉案件中,检察机关代表国家提起的追缴涉案财物之诉,大体上属于刑事对物之诉的范畴。[1]从此角度理解追缴程序无疑应涵盖涉物刑事实体处分与程序保障,但就追缴自身而言侧重实体结果应无异议。其二,在法院裁判追缴之后,一般而言只是确定了追缴的对象和范围,但最终的处理结果可能出现没收或者返还被害人的情况。其三,司法实践中经常对尚未在案控制的部分涉案财物裁判(继续)追缴,而是否能执行到位,甚至能否有原物供追缴最终实现没收或者返还也存在不确定性。总之,综合考虑以上因素,笔者认为追缴虽应定性为终局的实体处置,但具有一定的可变性,即可能因最终并无涉案财物可供追缴导致退赔或者其他可能的情况发生。所以用"准终局性"界定以上几种措施较为适宜。

4. 介于前两者之间的过程性涉物处分及其他措施

介于前两者之间的过程性涉物处分主要包括偏向程序性的临时处置、有待终决的措施;其他措施主要指保障涉物处分措施状态延续或辅助促进涉物处分实现的一类管理、执行措施。笔者认为这些性质的涉物处分分别以先行处置、保管等为典型。先行处置、保管措施的界定在我国官方文件或规定中已有体现,如在两办(中共中央办公厅、国务院办公厅)《意见》中完善涉案财物先行处置程序,即对易损毁、灭失、变质等不宜长期保存的物品,易贬值的汽车、船艇等物品,或者市场价格波动大的债券、股票、基金份额等财产,有效期即将届满的汇票、本票、支票等,经权利人同意或申请,经有权机关批准后可以依法出售、变现或者先行变卖、拍卖。所得款项统一存入各单位唯一合规账户。[2]另外,对于保管、管理等

---

〔1〕 参见陈瑞华:《刑事诉讼法》,北京大学出版社 2021 年版,第 534 页。

〔2〕 参见两办(中共中央办公厅、国务院办公厅)《意见》第 7 条。

措施也有相应规定。[1]理论归类上，有研究认为诸如保管、移送、接收、价格鉴定、上缴等属于管理和执行类涉物处分措施。[2]这也是笔者所主张的对前述处分措施的状态具有延续作用、辅助促进实现的保障类措施。

笔者认为这两类中先行处置类的措施具有过程性处置的特点，但不同于"查扣冻"的处置方式，强制性也不同，且有待实体裁判最终处置被先行保全价值却变换存在形式的涉案财物。总体上，先行处置类措施是偏向程序性的临时处置。保管等管理、执行类措施原则上具有与"查扣冻"不同的实施主体，[3]目的主要在于延续已有涉物处分措施的状态，而且须待最终的实体裁判处置被保管、管理等临时控制的产权或财物。总体上，保管等措施属于与诉讼中的侦、诉、审职能相对分离的涉物管理或单纯执行类措施。因此，对其作出不同于前述措施的类型划分。

---

〔1〕 参见两办（中共中央办公厅、国务院办公厅）《意见》第3~5条。

〔2〕 参见胡宝珍等：《刑事涉案财物处置的法律机制研究》，厦门大学出版社2018年版，第26页。

〔3〕 即在侦、诉、审机关之外，还有与刑事涉物处分相关的保管和代为保管机构、价格鉴定机构等。

第二章
刑事诉讼涉物处分权配置与制衡的基本原则

第一节 概论

刑事诉讼涉物处分权是涉物处分的载体。涉物处分权是外观，其实质内容是前一章探讨的对涉物处分界定的内容，即主要在其分类和性质等论述中体现。刑事诉讼涉物处分权配置与制衡的问题是构建对物之诉体系的重要的，甚至是核心环节之一。正如有学者指出的，公安司法机关行使的是国家权力，须按照法定程序行使权力追究被追诉人的刑事责任，权力与权利是交织甚至是冲突的。这种权力与权利的交织构成了刑事诉讼的显著特点，也是一个国家刑事诉讼文明的象征。因此，研究刑事诉讼法学，必须关注权力与权利，从权能的视角切入。[1]而依托于刑事诉讼开展的对物之诉是近年来理论研究的热点问题之一，也逐渐受到法律规定层面的重视。2021年最高人民法院修改其适用刑事诉讼法的解释，增修并确立了审判及执行阶段相对独立的对物之诉程序，包括强化对涉案财物的庭前审查、强化对涉案财物的当庭调查、强化对涉案财物的处理执行等，以借此明确要求规范涉案财物处理、加强产权司法保护。[2]在整个诉讼视野下，目前对物之诉的程序仅在审判、执行中初设，其他阶段尚处空白，且已设立的制度、程序也还不完善。系统研究该领域问题同样必须关注涉物处分

---

〔1〕 参见陈卫东：《中国刑事诉讼权能的变革与发展》，中国人民大学出版社2018年版，前言。

〔2〕 参见2021年最高人民法院公布的《高法解释》，以及对该解释的说明。

权能的配备和规制，包括权能的配置和制衡。

　　配置与制衡是自国家权力诞生以来，权力与权利、权力内部、权力背后不同主体之间博弈的必然结果。无论在理论和应然层面，还是比较法和实践层面，权力分配过程中都须伴随各方面力量的制衡，即授权与限权的统一。广义的配置应包含分配和制衡；本书所言的配置是从狭义的分配、赋权角度出发，是与制衡相辅相成的两个方面。具体到刑事诉讼涉物处分权配置与制衡领域，在研究具体的制度、程序问题之前，有必要从宏观上论述确立其配置与制衡的基本原则，以作为贯穿后文论证具体如何配置、制衡涉物处分权及制度改革、程序完善等的指导思想。

　　从既有研究成果来看，很多学者对刑事涉案财物处置的基本原则作出论述，也有少数学者对刑事强制处分的分配与制衡的基础理念，[1]或者刑事诉讼权能的基本原则作出论述。但是，目前较少有成果直接论述刑事诉讼涉物处分权配置与制衡的基本原则。笔者认为，刑事诉讼涉物处分权配置与制衡的基本原则与刑事诉讼涉物处分的基本原则既有明显区别，又紧密关联。区别在于前者强调该类权力产生后被配备、布置的理念，即对不同主体的赋权中的相互分工、彼此制衡的基本准则；后者系该类权力运行的总体行为规范、指导思想。联系在于看似静态的涉物处分权配置和看似动态的涉物处分权运行之间具有内在的因果关系，比如将一种涉物处分的决定权配置为科层审批式还是备案式将直接影响该权力运行的效率、权力干涉权利的程度、诉讼整体效果等。笔者认为两者联系的纽带在于蕴藏其后的理念。有些理念既可视为贯穿涉物处分权配置与制衡的指导思想，同时也可作为涉物处分权运行的目的（即是涉物处分基本原则所体现、反映的目的）。另外，涉物处分权运行所追求的效果和价值也可作为配置和制衡涉物处分权所考虑的影响性因素或延伸性原则。

---

　　[1]　"理念"一词译自希腊语 idea，通常指思想。有时亦指表象或客观事物在人脑中留下的概括的形象。参见夏征农、陈至立主编：《辞海》，上海辞书出版社 2009 年版，第 763 页。中英文中对于"理念"一词大体上是指一种完美的或指导性的观念形态。参见宋英辉等：《刑事诉讼原理》，北京大学出版社 2014 年版，第 9 页。从指导思想的角度，基础理念与基本原则具有一定的同质性。但理念更为抽象，原则可以包括相对抽象的理念性原则和相对具体的行动准则。

综上所论，笔者将刑事诉讼涉物处分权配置与制衡的基本原则分为三类：配置与制衡的基础性原则或前置性原则；本体性原则；延伸性原则。首先，笔者认为刑事诉讼涉物处分的理念指引确立相应具体的价值目标，也是刑事诉讼涉物处分配置与制衡基本原则呈现出不同内容的重要原因。所以，笔者将理念性的内容确立为配置与制衡的前置性原则，这些原则是更为抽象的基础性原则，比如法治原则；遵守诉讼规律的原则（其中可进一步包括涉物处分的诉讼规律）。其次，刑事涉物处分权配置与制衡本体性原则是反映刑事诉讼涉物处分的理念和目的，贯穿于涉物处分权配置与制衡全过程或者主要阶段，对于该职权配置与制衡具有普遍规范作用，指导配置与制衡的基本准则。这类原则包括权力分立、权力制衡、权责一致，以及其在涉物处分权配置与行使中的体现。最后，延伸性原则系对涉物处分权配置后对其运行中可能产生影响的约束和正面指引，既是职权配置所衍生的价值性原则，也可视为职权运行即涉物处置的价值追求。这些原则可包括产权的司法保障，即对多方物权的兼顾保护原则；促进实现涉案财物的财产价值与证据价值相平衡原则；涉物处分的高效与公正的统一、处分的程序公正与实体公正的统一原则等。

第二节　刑事诉讼涉物处分权配置与制衡的几类基本原则

一、前置性原则

（一）法治原则

法治从比较法语境下通常理解为"法的统治"[1]，主要是指一种与"人治"相对应的治理社会的理论、原则、理念和方法。一般认为，法治

---

〔1〕 法治，即法的统治，本意应为"法律的治理、统治"，而非"依法统治""依法治理（民）"。所以在英文对应的术语上，法治应为"rule of law"，而非"rule by law"（依法而治理、统治）。因为后者的"法"可能并非由民主、法定程序产生。

有两项基本要求：一方面须由正当的立法产生良法，另一方面良法应得到普遍的遵守。这里包括科学、民主且实质具有正当性的立法程序，本身内容具有合正义性的法律规范；此类法律还须在全社会范围内被服从、践行，而且不仅是社会大众，还包括行政管理者、执法司法者、立法者等都应共同遵守已经生效的法。[1]可见，从强调反对"人治"的立场出发，法治在于反对一切凌驾于宪法、法律之上的专断。一般可将该宏观的法治原则进一步细化为包括权力制约，权利保障、尊重和保障人权，社会自由，义务的法律化和相对化，权利的救济等多项内容。

我们所坚持和建设的社会主义法治是在中国共产党的领导下，从社会主义现代化建设事业的现实和全局出发，借鉴世界法治经验，重在对改革开放以来中国经济、社会和法治发展的历史经验的总结。它既是当代中国特色社会主义建设规划的一部分，同时也是执政党对中国法治经验的理论追求和升华。2021 年 3 月《中华人民共和国国民经济和社会发展第十四个五年规划和 2035 年远景目标纲要》提出、重申并细化"加强社会主义民主法治建设 健全党和国家监督制度"，即坚持中国共产党领导、人民当家作主、依法治国有机统一，推进中国特色社会主义政治制度自我完善和发展。其包括发展社会主义民主、全面推进依法治国、完善党和国家监督体系。[2]

党的十八大以来，习近平总书记高度重视全面依法治国，亲自谋划、亲自部署、亲自推动。在这一过程中，习近平总书记创造性提出了关于全面依法治国的一系列新理念新思想新战略，形成了内涵丰富、科学系统的思想体系，为建设法治中国指明了前进方向，在中国特色社会主义法治建设进程中具有重大政治意义、理论意义、实践意义。[3]此前，即 2020 年

---

〔1〕　从形式法治角度，即使实定法非良法，也应服从。实质法治须由事后修法改造为良法再继续服从。

〔2〕　参见"中华人民共和国国民经济和社会发展第十四个五年规划和 2035 年远景目标纲要"，载 http://www.gov.cn/xinwen/2021-03/13/content_ 5592681.htm，最后访问日期：2021 年 5 月 1 日。

〔3〕　参见："坚持习近平法治思想——论学习贯彻习近平总书记在中央全面依法治国工作会议上重要讲话"，载《人民日报》2020 年 11 月 20 日，第 1 版。

11月16日至17日，中央全面依法治国工作会议在北京召开，这次会议最重要的成果就是明确提出了习近平法治思想。习近平法治思想是顺应实现中华民族伟大复兴的时代要求应运而生的重大理论创新，是马克思主义法学理论中国化的最新成果，是习近平新时代中国特色社会主义思想的重要组成部分，是新时代全面依法治国的根本遵循和行动指南。习近平法治思想主要包含以下理论：第一，"抓住提高立法质量这个关键"，发展完善中国特色社会主义法律体系；第二，坚定不移走中国特色人权发展道路，"推进人权发展是永恒的主题，在人权问题上没有完成时，只有进行时，没有最好，只有更好"；第三，必须加强对权力的制约和监督，坚持用制度管权管事管人，"把权力关进制度的笼子里"；第四，"让审理者裁判、由裁判者负责"，深化司法体制改革，构建以司法责任制为核心的司法权运行体制机制。[1]习近平法治思想内涵丰富、论述深刻、逻辑严密、系统完备，符合中国实际、具有中国特色、体现社会发展规律。习近平法治思想的提出，为深入推进全面依法治国、加快建设社会主义法治国家，运用制度威力应对风险挑战，全面建设社会主义现代化国家、实现中华民族伟大复兴的中国梦，提供了科学的法治理论指导和制度保障。[2]"法治兴则国家兴，法治衰则国家乱。"[3]习近平总书记曾强调指出："法律是治国之重器，法治是国家治理体系和治理能力的重要依托。全面推进依法治国，是解决党和国家事业发展面临的一系列重大问题，解放和增强社会活力、促进社会公平正义、维护社会和谐稳定、确保党和国家长治久安的根本要求。"[4]

在习近平法治思想的指引下，刑事诉讼理念取得进一步的突破。在推进司法责任制，深化以审判为中心的刑事诉讼制度改革等诸多方面取得进

---

〔1〕 参见2014年《中共中央关于全面推进依法治国若干重大问题的决定》（以下简称《决定》）。

〔2〕 参见马怀德："习近平法治思想的核心要义"，载《人民法院报》2021年1月7日，第5版。

〔3〕 张文显："习近平法治思想的理论体系"，载《法制与社会发展》2021年第1期。

〔4〕 习近平："关于《中共中央关于全面推进依法治国若干重大问题的决定》的说明"，载《人民日报》2014年10月29日，第2版。

步。[1]习近平法治思想为我国刑事诉讼理念研究的未来发展指明了方向。理解习近平法治思想中的刑事法要义要立足中国国情与本土法治特色，深刻领悟习近平法治思想的时代特征，从中华法治文明的历史传承角度深刻领悟习近平法治思想的历史底蕴，坚持以习近平法治思想为指导努力形成本土化的刑事诉讼理念。[2]

　　笔者认为，在刑事涉物处分权配置与制衡领域，法治原则作为基础或前置性原则，具体可体现在处分事由法定和程序法定、法律保留原则方面。处分事由法定即法无明文规定不处分；程序法治或程序法定也称为法定程序原则，从德国的"法治国家程序原则"、法国的"法定原则"到美国的"正当程序"原则都体现了该原则的精神。联系到涉物处分领域其有两方面含义：其一，对立法要求，即刑事诉讼中涉物处分权如何设置应当由法律事先做出明确规定；其二，对司法要求，即刑事涉物处分活动应当依据国家法律规定的程序来进行。特别是国家公权力机关行使涉物处分职权的分配、制衡的规定，以及具体司法执法机关对公民的权利进行限制或者剥夺，必须严格依照相应的立法流程、预先制定的法律开展相应活动。而法律保留原则虽然脱胎于德国行政法学的最初研究，意在限制行政权的恣意、划分立法权与行政权行使的边界，但目前包括刑事法学在内引入"法律保留"原则后重在强调干预公民基本权益等公权行为须由民意代表机关通过制定法律专门规定或授权，相应公权力机关（主要指行政机关以及此处的刑事司法机关等）不能代为规定或自发行使干预权。对于刑事涉

---

〔1〕　就深化以审判为中心的刑事诉讼制度改革方面而论，虽然 2018 年修改的刑事诉讼法没有直接规定"以审判为中心"的原则，但相关司法解释对深化该项制度改革做出明确规定。如 2020 年 12 月 7 日，最高人民法院审判委员会第 1820 次会议审议并通过《高法解释》。该解释坚持以习近平新时代中国特色社会主义思想为指导，认真贯彻习近平法治思想，全面总结我国刑事审判实践的新情况、新问题，结合新刑事诉讼法对刑事审判程序的有关问题作了增、修、删、改等系统规定。该解释于 2021 年公布，最高人民法院对该解释的说明中强调指出"坚持以审判为中心，有效维护司法公正。推进以审判为中心的刑事诉讼制度改革，是党中央作出的重大决策部署。2021 年《高法解释》根据以审判为中心的要求，强化证据裁判原则，细化审理程序，确保庭审在查明事实、认定证据、保护诉权、公正裁判中发挥决定性作用，实现案件裁判的实体公正，提高司法公信力"。

〔2〕　参见姚建龙："习近平法治思想中的刑事法要义"，载《政治与法律》2021 年第 5 期。

物处分权的配置与制衡同样不能由刑事司法专门机关自我赋权、"自由"规定和行使。

（二）遵循诉讼规律

正如有学者所论，规律是支配事物发展过程的自然的、固定的因素。司法规律是司法制度产生和发展的规律，该规律揭示出人类司法制度发展需要经历从无到有、从野蛮到文明、从专制到法治的发展过程。刑事诉讼中的规律（司法规律）在法治社会中的表现是要求实现公正审判和采用正当程序的一系列原则以保障公正实现。[1] 笔者认为，刑事涉物处分权配置与制衡同样须尊重诉讼规律。在设置相应规则时更应具体遵循规制主体方面的基本原则、权利保障的价值判断方面的基本原则。

作为诉讼规律的具体展现，规制主体的基本原则能够反映刑事诉讼领域，包括涉物处分的不同权能主体的法律地位和关系格局，更重要的是能够对涉物处分权配置与制衡中的权能结构与主体之间关系的完善发挥引导作用。[2] 有学者从刑事诉讼权能的基本原则角度出发，认为为了实现刑事诉讼惩罚犯罪与保障人权的诉讼目的，必然要对权能主体的地位予以配置，以取得高效率和权威性的诉讼结果。其所言的地位原则包括控辩平等原则、控审分离原则、裁判中立原则、程序参与原则。[3] 这些都是公认的且比较经典的诉讼规律或规制主体的地位原则。该论者所言权能包括诉讼中的权力和权利，针对涉物处分权的配置与制衡，应从对物之诉角度，建立广义的控方与涉物权利方平等对抗、诉审分离、涉物裁判中立、涉物权利不同主体的平等有效的程序参与等方面的基本原则。因笔者所提到的这些原则与一般刑事诉讼中的相应原则基本类同，仅就"涉物权利不同主体"的涵义稍作解释。其不仅包括犯罪嫌疑人、被告人，还包括被害人、案外人等——围绕涉案财物具有独立的物权主张的利害关系人。对物之诉

---

〔1〕 参见杨宇冠："论刑事司法规律"，载《法学杂志》2016 年第 3 期。

〔2〕 参见陈卫东：《中国刑事诉讼权能的变革与发展》，中国人民大学出版社 2018 年版，第 19 页。

〔3〕 参见陈卫东：《中国刑事诉讼权能的变革与发展》，中国人民大学出版社 2018 年版，第 19~22 页。

的理论框架下，后者参加诉讼的地位一般被认为属于类似民事诉讼中的有独立请求权的第三人。笔者之所以将最后一个原则称作"涉物权利不同主体的平等有效的程序参与"，也是因为被刑事追诉者与涉物利害关系人在对物之诉的裁判中属于类似民事诉讼本诉以及参加之诉中的当事人。所以程序参与需体现平等性、有效性，即实质意义上的知情、有效行使涉物抗辩权、有获得复审和其他救济的途径和机会等。这些原则应作为规制对物之诉主体地位的基本原则，也可成为配置和制约涉物处分权的基础和需要考虑的因素。

权利保障的价值判断方面的基本原则主要指借鉴"无罪推定"而在涉物处分领域应建立的"无赃推定"原则（"与违法犯罪无关的推定"或"合法性推定"原则——笔者更倾向此种表达）。已有学者呼吁确立"无赃推定"的基本原则，完善赃款赃物的认定和处理程序。[1]虽然尚未在对物之诉的视域下系统论证诉讼原理以及配套完善的制度改革与具体措施建议，但毕竟是国内较早提出该原则的观点。笔者认为，在涉物处分的违法所得没收，即狭义的对（赃）物追缴程序中应确立此类"无赃推定"原则。理由是与对人追诉程序在国际范围内所确立的通行原则无罪推定大体相对应，也将确立起内在逻辑一致的以权利保障为主的价值取向。当然，涉物处分除了包括处置违法所得之外，还有其他几类财物待司法处分（如犯罪工具、违禁品）。对其处分一般既关注权属关系，又关注财物性质、与犯罪的关联度等。"无赃推定"原则固然表述生动，但从能够更精确覆盖到涉物处分范围的角度，似乎可以界定为"与违法犯罪无关的推定"或"合法性推定"原则。当然，原则通常存在例外。例如，对于审前的"返还财物"处分权仍可在特定条件下行使。[2]对此具体问题后续相应章节仍

---

〔1〕　参见陈学权："论刑事诉讼中被追诉人的财产权保护"，载《学术研究》2005年第12期。

〔2〕　正如学者所建议的，在法院依法判决确认为赃款赃物之前，原则上不应将财产"返还"被害人。如果确实属于被害人财产且不立即返还可能会给被害人造成重大损失的，应由被害人向法院申请，由法院裁定是否允许先行返还，必要时可以要求被害人提供担保。参见陈学权："论刑事诉讼中被追诉人的财产权保护"，载《学术研究》2005年第12期。

有制度改革论证及完善建议。

二、本体性原则

(一) 分权原则

正如英国思想史学家阿克顿勋爵的名言，权力导致腐败，绝对的权力导致绝对的腐败。政治学研究与法学研究中都同样对权力的配置问题保持警惕，集权更是学者们所极力批判和建议改良的。从正面而言，权力具有权威性、支配性、排他性等特性；从负面而言，权力具有扩张性；从介入两者之间的角度而言，权力具有强制性。强制性保障权力的支配地位，保证权力的排他行使，以及取得权威的统治结果。但强制性也同样导致权力极易扩张，扩张的过程很可能伴随着侵犯基本权利的行为发生。为从根源上治理权力滥用，有必要从设置权力之初即考虑如何将权力合理分配的问题。这就是配置和制衡权力的本体性原则之一，分权原则。

专门研究刑事强制处分权分配与制衡的宋远升教授认为，由研究权力特性着手，一些学者就此得出结论，限制公权力的最好方式就是将权力分散——这也是分权原则的主张。对此研究可归纳为两个阶段，各自得出相应的分权方式。第一阶段为纯粹分权阶段，具体展开则可分为三个方面，即机构分立、职能分立以及人员分立。这在西方一些国家往往体现为立法、司法、行政等国家内部不同职权，不同机构以及相应的不同人员的分离。但正如其所分析的该阶段属于静态分权，用分散后的种种"集权"取代某一种"集权"，所以就有了第二个阶段——动态控权，即通过积极的行为来制衡权力。[1]

笔者认为，分权原则的含义可以从权力分立、职能分离与人员分工的角度诠释，但这是其中的纵向层面，或者从抽象到具体的展现。其实，还可从横向层面，分为规制主体的分权子原则，规制行为的分权子原则，规制结果的分权子原则等。映射到刑事涉案财物处分权的分配与制衡领域，分权原则可以解释对涉物实体、程序性等不同权力分别赋予外部不同机

---

[1] 参见宋远升：《刑事强制处分权的分配与制衡》，法律出版社 2010 年版，第 27~28 页。

关、内部不同机构的规则；同一种权力的决定权和执行权也需有分立的配置；诉讼职能与涉物处分职能中一些权力内容的分离；作为涉物处分职权主体的机构及其人员具体分工等。

（二）制衡原则

制衡理论在政治学中研究已久。不同于前论的静态分权，制衡重在动态、积极地限制、制约公权。追溯起来，该制衡理论或权力制衡理论萌芽于西方的古希腊古罗马时代。正如有学者所作的历史溯源研究：[1]早在那时，亚里士多德在继承柏拉图思想的基础上提出不同阶级参与城邦政治，并在不同政治机构中参与管理的混合政体思想；后古罗马的波里比阿提出了君主、寡头和民主三位一体的混合政体思想。以上两种混合政体的构成不同，但都体现出外部或内部制衡原则。古希腊、古罗马以后的中世纪时期，围绕王权、教权的两种主要权力发展出政教之间制衡的形态。正是这些思想、理论和实践样态为近代的制衡理论提供了可借鉴的资源。法国启蒙思想家孟德斯鸠所提出的"权力制约权力"就是对制衡理论的精辟概括。

可见，制衡理论一般旨在强调限制公权力。典型的权力制衡是来自外部的不同权力之间的制衡，即在承载着分散权力的不同机关之间，使各机关保有对其他权力机关足够的防御和抗衡的力量，使不同权力因相互对抗、相互控制而在总体上处于低侵害的状态，这就是所谓的权力制衡（分权制衡机制）。[2]笔者认为，从广义上讲，权力制衡可以包括更多的制衡权力的方式，如权力内部之间的制衡，即代表某权力的机关内部在职能区分基础上所做出的不同部门、不同人员的分工，以及其行使各自职权的实践也是一种制衡。除了以上的权力制衡权力，还有权利制约或其他监督权力的方式。但这种制衡的力度明显不如一种外部权力对另一种权力制约的明显和有效。所以，笔者认为一般而言权利制衡权力等其他方式可作为权

---

[1]　参见林建华、余莉霞："西方权力制衡理论的历史溯源"，载《黑龙江社会科学》2008年第2期。

[2]　参见李蓉：《刑事诉讼分权制衡基本理论研究》，中国法制出版社2006年版，第33页。

力制衡权力的非必经的前置阶段，作为达到制衡目的的一种可选择的途径，由权利方或监督方通过诉讼或其他的异议方式引起外部权力对被异议权力的制衡。至于具体分类，类似分权原则对主体、行为、结果等方面的规制，制衡原则也可从这几个方面的彼此独立、相互制约角度理解。

联系到刑事涉案财物处分权的制衡领域，以上基本原则的内容均可适用。结合比较法考察中的具体的诉讼制度或程序建设，在权力的外部制约上，对程序性涉物处分通常有司法权对侦查权控制的预先司法审查、令状主义；在权利的制约方面，在两大法系普遍存在对违法涉物处分（主要针对程序性处分权）的异议机制，如排除相关非法证据的申请引发事后的司法审查、程序性制裁，另外在针对涉物之诉的没收程序审判中的辩护、案外人参加诉讼发表意见的抗辩也属于权利制衡实体的涉物处分权；在其他制衡方式中，如我国的国家赔偿制度中设置有针对违法涉物处分的国家赔偿，虽然这应该视为对涉物权利被侵犯后的救济、追偿，但也具有事后制衡涉物处分权的实质作用。

（三）权责义相统一原则

陈卫东教授在刑事诉讼权能基础理论的职能原则中提出"权责一体"原则，即从权利和权力的传统视域中，将权力视为国家机关的职责，授权与赋责应辩证统一。在刑事诉讼权能视角下，不仅权力性权能范畴中应确立权责一体原则，部分权利性权能的范畴内也应遵循权责一体原则。[1]笔者认为，权责一体从权力性权能走向包括权利性权能在内的权责统一具有理论和现实意义。在刑事涉物处分权配置与制衡领域同样值得借鉴。

首先，笔者认为在权责一体基础上扩展成为权责义（义务）相统一原则似乎更加周延。因为责任是对权能不当行使（滥用或不作为）的追究，表现为不利后果的承担。但从被赋予权能到责任承担的过程中理应有义务履行这一环节，同时也是判断责任承担与否的关键。如涉物处分的职权往往针对具体被干预的私权采取措施，处分主体理应承担对相应私权维护的

---

〔1〕 参见陈卫东：《中国刑事诉讼权能的变革与发展》，中国人民大学出版社 2018 年版，第 23 页。

义务（如保护财产权的义务，或至少不能越界干预的义务），如果没有正当行使权利、履行义务，就要受到错误作为或不作为的责任追究。当然，这种责任不仅包括程序性制裁的仅针对程序行为本身的不利后果，还有针对行为主体的机关内部惩戒责任、民事追偿责任、行政违法责任、刑事责任等。

其次，如前所论，制衡涉物处分权的除了权力，还有权利，尤其值得关注的涉物抗辩权方面亟待探索建立诉讼权利行使、诉讼义务履行、诉讼责任承担等系统制度。权利制衡权力应被设计成为一种引起权力制衡权力的方式。亦即涉物抗辩等制度既应成为体现自身诉讼权利、诉讼义务和诉讼责任的有机统一整体，还应对涉物处分形成实质制衡。至于涉物抗辩的诉讼权利、义务、责任与辩护或代理相比有哪些不同将在后文具体论证。

最后，在涉物处分权配置与制衡中，权责义相统一原则应发挥规范、震慑与保障性的功能和作用。该原则不仅对于涉物处分权力性权能具有规范作用，对部分影响诉讼进程的涉物处分的权利性权能也应具有规范作用。[1]这种规范作用体现出权力设置的正当性、权利生成的合理性。震慑作用是对制衡原则的强化。涉物处分权配置不仅应有权力的分配，更应有相应的督促、震慑机制。权力之外的义务机制是对权力的规限、督促，责任机制则是对权力的震慑。如果制衡的结果未能实现、义务未能履行，则责任机制将启动，责任将相应兑现，体现出惩罚和制裁性。这些都是对权力的有力震慑。至于保障的功能和作用，一方面是指权责义相统一原则保障涉物处分权分配后的制衡效果实现；另一方面是指权责义相统一原则保障涉物权利能够顺利行使，这里的涉物权利既包括程序性涉物权利（诉讼权利），也包括实体性涉物权利（民事权利）。

三、延伸性原则

前论的基础性原则或前置性原则属于刑事诉讼涉物处分权分配与制衡

---

[1]　参见陈卫东：《中国刑事诉讼权能的变革与发展》，中国人民大学出版社 2018 年版，第 23~24 页。

的前提条件，本体性原则属于刑事诉讼涉物处分权分配与制衡进行设置过程中所需遵循的基本原则，而此部分所论的"延伸性原则"大体有两个维度的涵义。其一，其指涉物处分权力配置所指向的价值问题，即涉物处分权运行的价值追求；其二，延伸不仅指权力配置后运行过程中的价值取向，还能体现对物之诉即追缴程序的诉讼价值乃至诉讼目的。

（一）产权的司法保障：多方物权、涉物抗辩权的兼顾保护

宏观而言，整个刑事诉讼的直接目的一般可以概括为惩罚犯罪与保障人权。刑事诉讼涉物处分权分配与制衡延伸性原则首先也应关注到人权相关内容，联系到该领域主要指产权的司法保障，即对多方物权的实体性和程序性权利等兼顾保护。产权一般指财产所有权，但又不仅局限在所有权，还指与财产所有权有关的财产权。即所有权人和非所有人在财产上享有的占有、使用以及在不同程度上依法享有收益或处分的权利。虽然这些在权利上属于民事实体法物权法领域的专业问题，但刑事涉物处分所要保障的权利突出体现在此方面，也即对相关涉物权利人财产权利的司法保障。另外，除了实体性的财产权利，笔者还主张对物之诉应加强对程序性的涉物抗辩权的保障。即对财产权的司法保障既包括实体性权利，也包括程序性权利，既包括被追诉方，也包括被害人方、第三人等主体在此领域的相关权利保障。

保障人权在刑事诉讼中一直属于共识性的价值原则、诉讼目的。习近平总书记强调："法治建设要为了人民、依靠人民、造福人民、保护人民。"[1]我国2004年修正后的《中华人民共和国宪法》（以下简称《宪法》）第33条第3款规定："国家尊重和保障人权。"这是"保障人权"第一次写入我国法律。2012年修正后的《刑事诉讼法》第2条增加规定了"尊重和保障人权"，而且直至2018年修正后的《刑事诉讼法》一直保留该原则性规定。而且值得注意的是，"尊重和保障人权"在《刑事诉讼法》的"任务"中写入，即比基本原则的条文位置还靠前。一方面可以理解为保障人权意义重大，统领刑事诉讼原则、制度和程序的设置；另一方面也可

---

[1] 参见习近平："加强党对全面依法治国的领导"，载《求是》2019年第4期。

将其称为刑事诉讼基本理念，亦即比基本原则还抽象的概括。而且关于人权的理论观点也是习近平法治思想的重要内容。刑事诉讼中的保障人权一般是指保障所有诉讼参与人的人权，但是，有观点认为基于刑事诉讼惩罚犯罪的目的和我国目前刑事诉讼中人权保障的现实情况，目前和今后很长一段时间我国刑事诉讼中人权保障的重点是犯罪嫌疑人和被告人的人权。[1]

在刑事涉物处分权配置后，对物之诉的运行过程中，其直接标的是涉案财物。这与传统的主要以人的刑事责任为客体的对人之诉不同。当然，涉案财物的权利背后还是以人作为主体。这里的延伸性原则要将人权保障具体化，体现出在现行的刑事诉讼中对物之诉的特性和要求。其一，在权利主体方面，突出犯罪嫌疑人、被告人和涉物利害关系人的物权保障的统一，涉物利害关系人即前文所论的被害人、第三人等；其二，在权利客体方面，突出保障与涉案财物相关的实体性财产权利以及程序性异议、抗辩权利。所以，正如前文所论这与重点保障犯罪嫌疑人和被告人的人权既有相同点，又不完全相同。在配置涉物处分职权时应在刑事诉讼的背景下，结合对物之诉的特殊需求，实现对产权的司法保障，达到多方物权、涉物抗辩权的兼顾保护。其实，对物之诉的性质本身是有争议的，如究竟属于刑事诉讼性质、民事诉讼性质，还是其他第三种性质都未在学界达成一致性认识。笔者认为，不能完全否认对物之诉与刑事诉讼的关系。一方面，本书主题是对刑事涉物处分权的配置研究，亦即依托刑事诉讼开展的对物追缴程序，尤其是对物之审判前的程序涉及侦、诉机关，存在大量对物的强制处分，不能舍弃刑事诉讼视域下对刑事司法专门机关和诉讼参与人关系的恰当处理问题；另一方面，在司法终局处置时一般也是在刑事责任基础上做出的实体性处分。可见，无论从诉讼阶段的角度，还是诉讼主体的角度，对物之诉与传统刑事诉讼关系紧密，甚至有部分内容是重合的。所以，即使笔者倾向认为（刑事）对物之诉的性质居于刑事诉讼与民事诉讼

---

〔1〕 参见李玉华主编：《刑事诉讼法学》，中国人民公安大学出版社2019年版，第24~25页。

之间，也仍然应在刑事涉物处分职权配置中遵循刑事诉讼的目的要求和基本理念，并在具体化时结合对物之诉的特殊内容。

（二）促进实现涉案财物的财产价值与证据价值

承接前论，刑事诉讼直接目的中另一个目的为惩罚犯罪。而涉案财物具有的证据性价值，为证据裁判直接所用，也为实现惩罚犯罪提供了必要的支撑。对物之诉中涉案财物将接受司法最终处分，如没收后上缴国库、返还被害人、责令退赔等。这些涉物的终局性处分通常需要以涉案财物保持一定的财产性价值为基础。而对物之诉通常也须经历刑事诉讼的过程，从立案到审判一般历时较长，侦查阶段涉案财物被查控后往往会在保管过程中发生价值变化。如有形物中，涉案汽车保管不当会报废；财产权利凭证代表的股权、基金等，也会因市场波动而产生较大的价值变动；虚拟财物中更会出现自身价值波动巨大的现象，如 2021 年比特币第一次站上了60 000 美元的水平，但是同年也跌到 30 000 美元的下限，甚至还上演过一天跌幅超过 25% 的极端行情，这充分说明其商品性价值的剧烈波动性，[1]等等。促进实现涉案财物的上述两种价值的统一意义重大。一方面作为证据性物品的涉案财物保持原样是实现惩罚犯罪这一刑事诉讼目的的必要依托。另一方面作为财产性物品的涉案财物保持原有价值是最终实现对物之诉实体处分的必要基础。所以，在配置涉物处分职权时应考虑到未来如何在对物之诉过程中行使处分权时能够最大限度发挥促进涉案财物的证据价值和财产价值实现的功能。如以涉案财物财产性价值的保值目的为例，对延续强制处分状态的相关权力配置时，不仅需要考虑到保管与办案部门的分离，还应考虑到保管的中立性与专业性方面是否能兼容。必要时在配置保管职权中可允许二次委托行使，即将保管机构分离于办案部门之后，突出中立性的保管部门应有权在专业性保管以实现保值方面寻求第三方托管，等等。

---

〔1〕 参见闻博："黑客的比特币钱包被 FBI '截胡'了，比特币还安全么？"，载 https://baijiahao.baidu.com/s？id=1702680034605898855&wfr=spider&for=pc，最后访问日期：2021 年 8 月 16 日。

（三）涉物处置的公正与高效的统一、处置的实体公正与程序公正的统一

"公正是法治的生命线"[1]。"促进社会公平正义是政法工作的核心价值追求。从一定意义上说，公平正义是政法工作的生命线，司法机关是维护社会公平正义的最后一道防线。"[2]以上是习近平总书记对司法的公正性价值做出的深刻总结。刑事诉讼过程中也将司法的公正性价值作为终极追求。在刑事诉讼理论中通常认为公正与效率的关系是公正第一，效率第二；公正内部分为实体公正与程序公正，两者应实现动态平衡和统一。而在对物之诉相关领域，对待公正与效率、实体公正与程序公正的关系中出现更为具体、有针对性的观点。比如有论者建议设立犯罪收益独立没收程序（类似于刑事诉讼的特别没收程序，但此处所言的是更具有独立性的特别没收程序），而且认为由于犯罪收益独立没收程序并不解决定罪问题，而是一种对物诉讼，因此在价值取向上更加具有特殊性。并认为这种特殊性突出表现在该程序在价值关系的平衡上的程序公正和效率价值（诉讼效益）优于其他，具体而言在发生相关价值冲突时，如实体公正与程序公正产生价值冲突时该程序更趋向于优先选择程序公正；同理在公正与效率发生冲突时，该程序更趋向于追求效率。[3]但笔者认为，应对实体公正的"实体"作广义化理解，这里的"实体"不应仅指刑事定罪或量刑问题，还应指涉及实体权利的最终处分。仍以对物之诉为例，此程序所追求的实体公正应理解为最终对涉案财物的实体性处分的公正，如通过没收实现国家公法债权，通过返还被害人财物实现民事财产权的救济，当然如果裁判不予没收则最终应返还原物权人，符合条件的情况下相关人有权提出申请国家赔偿，等等。如果从这个角度理解实体公正，则对物之诉的国家专门机关司法人员和诉讼参与人、第三人等恐怕都不会仅为了或优先追求快速

---

[1]　"中共十八届四中全会在京举行 习近平作重要讲话"，载 http://jhsjk. people. cn/article/25898158，最后访问日期：2021 年 6 月 17 日。

[2]　"习近平：促进社会公平正义是政法工作核心价值追求"，载 http://politics. rmlt. com. cn/2014/0109/213067. shtml，最后访问日期：2021 年 6 月 17 日。

[3]　参见刘文峰：《犯罪收益独立没收程序研究》，中国政法大学出版社 2016 年版，第 126 页。

处理，或者优先追求处理的程序符合法律形式要件，而不顾及处理的最终结果是否正确，涉物权利人的实体权利是否得到救济。所以，从这个角度出发，涉物处置也应追求公正与高效的统一、处置的实体公正与程序公正的统一。

第三章

程序性涉物处分权配置与制衡之一

第一节　程序性涉物处分权配置模式

一、不同模式概论：配置的三种不同模式

根据前文对涉物处分的类型划分所论，本章探讨的程序性涉物处分权即涉物强制处分的职权。从对公民基本财产权、隐私权、个人信息权益等进行干预角度来看，这类措施包括但不限于查封、扣押、冻结等涉物强制性措施，以及兼有对人与对物适用的搜查，还有笔者前文已论并建议视同具有干预权利的强制性质的查询措施等。对这类程序性涉物处分权配置中，理论上至少可分为三种模式。即在刑事司法专门机关之间基本平均分配的平行模式；将该类职权非平均分配于不同机关，一般有所侧重但又有部分重叠的交叉模式；原则上单独赋予某一机关行使决定权（允许有个别例外并事后确认）的准独占模式。此处所言的配置重在该类职权以及相关措施行使中的整体性分配，即侧重主导性的决定权以及整体行使问题。至于具体执行中的制约等问题待后一节程序性涉物处分权制衡模式中再行探讨。

（一）平行模式

笔者所言"平行模式"意指对程序性涉物处分权，包括决定、实施等为主导的刑事司法职权被大体平行分配于侦、诉、审等不同性质机关之间。一般而言，在平行模式中，平行主要指各机关能够各自独立、完整地

行使该项强制处分职权。

我国刑事司法运行中，程序性涉物处分权比较明显地呈现出平行模式。如以查封为例，我国刑事司法专门机关在办案中各自都拥有完整的查封权。对于侦查机关而言，侦查阶段其具有查封职权自无疑问。[1]现行法对查封等程序性涉物处分行为多界定为侦查性质。当然法院在普通刑事审判中的查封则为司法调查属性的程序性涉物处分，不属于侦查，但强制性相当；[2]在违法所得没收等特别程序中的查封则同属具有强制力的程序性涉物处分行为。[3]可见，无论普通抑或特别程序，审判阶段法院具有查封等程序性涉物处分权。另外，检察院在审查起诉阶段是否能实施查封？查封属于何种性质？在《刑事诉讼法》中规定了审查起诉阶段检察院的自行侦查制度。[4]在《人民检察院刑事诉讼规则》（以下简称《高检规则》）中明确赋予检察院在审查起诉阶段具有和侦查活动中等同的查封等程序性涉物处分权，并且该类职权具有完整性。即《高检规则》第 354 条："人民检察院在审查起诉阶段，可以适用本规则规定的侦查措施和程序"，即具体授权检察院侦查阶段（同时也是审查起诉阶段）"查封或者扣押"且应当"经检察长批准"；同时授权对"不能立即查明是否与案件有关的可

---

〔1〕 如参见《刑事诉讼法》第 141 条第 1 款："在侦查活动中发现的可用以证明犯罪嫌疑人有罪或者无罪的各种财物、文件，应当查封、扣押；与案件无关的财物、文件，不得查封、扣押"。

〔2〕 如参见《刑事诉讼法》第 196 条："法庭审理过程中，合议庭对证据有疑问的，可以宣布休庭，对证据进行调查核实。人民法院调查核实证据，可以进行勘验、检查、查封、扣押、鉴定和查询、冻结"。

〔3〕 参见《刑事诉讼法》第 298 条："对于贪污贿赂犯罪、恐怖活动犯罪等重大犯罪案件，犯罪嫌疑人、被告人逃匿，在通缉一年后不能到案，或者犯罪嫌疑人、被告人死亡，依照刑法规定应当追缴其违法所得及其他涉案财产的，人民检察院可以向人民法院提出没收违法所得的申请……人民法院在必要的时候，可以查封、扣押、冻结申请没收的财产"。

〔4〕 参见《刑事诉讼法》第 170 条第 1 款："人民检察院对于监察机关移送起诉的案件，依照本法和监察法的有关规定进行审查。人民检察院经审查，认为需要补充核实的，应当退回监察机关补充调查，必要时可以自行补充侦查"；以及第 175 条第 2 款："人民检察院审查案件，对于需要补充侦查的，可以退回公安机关补充侦查，也可以自行侦查"。而《高检规则》第 344 条第 1 款进一步规定"对于监察机关移送起诉的案件，具有下列情形之一的，人民检察院可以自行补充侦查：……其他由人民检察院查证更为便利、更有效率、更有利于查清案件事实的情形"。

疑的财物和文件，也可以查封或者扣押，但应当及时审查"[1]。以上这些现行法规定均可归纳为平行模式。

（二）交叉模式

笔者所谓的"交叉模式"意指对程序性涉物处分权，尤其是决定性处置及实施权等刑事司法职权被相对集中分配于侦查和司法机关之间的某类机关，另一类机关也同时在某些有交叉的领域具有完整的该类职权。一般而言，在交叉模式中，交叉主要指并非由某类机关垄断，也并非各机关全部具有平行意义的完整职权，而是某类机关与其他机关在同一个诉讼阶段呈现具有交互、部分重合情况的职权分配格局。

比较刑事诉讼法研究中，我们可发现很多域外国家或地区对程序性涉物处分权配置中，尤其是审前阶段并非对各个机关平均兼顾，但也并非仅授予一类机关。笔者认为，大体可以将某个诉讼阶段中多个机关具有涉物程序性处分权，且在某领域存在部分重合的配置情况归结为"交叉模式"。例如，在《比较刑事诉讼案例教科书》中，作者以"探索真相与保护隐私"对搜查与扣押制度进行比较，其中特别研究"警察审讯期间的侦查、搜查和扣押权"，[2]体现该类特征。通常而言，在具有司法审查、法官授权的传统与制度下，侦查期间的强制处分在其宪法或部门法（包括相关判例）中要求取得司法性审查与授权。但在启动刑事程序初始阶段，部分对人、对物的强制处分职权并没有专属于司法机关，存在很多成文法或判例认可侦查机关或侦查人员的独立实施职权。大陆法系相关例证如西班牙最高法院的判决认为警察的截停、搜身等（包括程序性涉物处分权）对公民

---

[1]　参见《高检规则》第210条："在侦查活动中发现的可以证明犯罪嫌疑人有罪、无罪或者犯罪情节轻重的各种财物和文件，应当查封或者扣押；与案件无关的，不得查封或者扣押。查封或者扣押应当经检察长批准。不能立即查明是否与案件有关的可疑的财物和文件，也可以查封或者扣押，但应当及时审查。经查明确实与案件无关的，应当在三日以内解除查封或者予以退还。持有人拒绝交出应当查封、扣押的财物和文件的，可以强制查封、扣押。对于犯罪嫌疑人、被告人到案时随身携带的物品需要扣押的，可以依照前款规定办理。对于与案件无关的个人用品，应当逐件登记，并随案移交或者退还其家属。"

[2]　参见［美］史蒂芬·沙曼：《比较刑事诉讼案例教科书》，施鹏鹏译，中国政法大学出版社2018年版，第44~46页。

所进行的必要扣留具有正当依据，被剥夺自由的个人应服从警察所采取的措施[1]（相关涉物权利被临时限制也具有同样的正当性——笔者注）。西班牙此判决认可的做法不属于平行模式，并不构成法院决定并实施的完整意义上的扣押等强制处分制度。查扣中包含临时查扣，其作为附有特定条件和情况下的应急处置行为，紧急性及相关条件具备时涉物程序性处分权将可由侦查机关及人员实施。另外，对于现行犯而言，即无证逮捕（相当于先行拘留）后的附带搜查相对一般搜查而言具有特殊性，从此角度观之，对审前的搜查等制度同样也存在分散授权，即构成对涉物程序性处分权配置的交叉情况。例如，侦查人员对现行犯案件中的搜查权以及逮捕后的附带搜查权体现在意大利、英国。意大利在对现行犯或犯罪嫌疑人脱逃的情况下，若有合理理由认为该犯罪嫌疑人藏有罪证且可能被损毁，或可在特定场所发现或找到前述物或人的情况下，司法警官有权搜查；又如英国允许警察在依法逮捕犯罪嫌疑人后，附带搜查相关地点、获取物证，[2]等等。再如，德国法官决定扣押，紧急情况检察院也可决定。即"扣押的命令只能由法官发布，在迟延就有危险时也可由检察院和它的辅助官员发布命令"[3]。这里在决定权方面也体现出一定的交叉。尤其是对于紧急情况而言，立法并未完全授权于检察院或其辅助官，仍保留法官发布命令的可能。所以，笔者认为该类情况比较典型地体现出"交叉模式"的特征。

（三）准独占模式

笔者所谓的"准独占模式"意指对程序性涉物处分权，尤其是决定性处置及实施权等刑事司法职权，原则上集中于某类司法机关专属行使，其他机关无权决定处置。一般而言，这是出于某些政策、某些领域特殊需要，或者由被处分物品本身的特殊性所导致的。

在具体实然表现方面，实定法即有相关规定。如前述德国法官决定扣

---

[1] RJ 1995, No. 5775, 7737. 转引自［美］史蒂芬·沙曼：《比较刑事诉讼案例教科书》，施鹏鹏译，中国政法大学出版社 2018 年版，第 44 页。

[2] 参见［美］史蒂芬·沙曼：《比较刑事诉讼案例教科书》，施鹏鹏译，中国政法大学出版社 2018 年版，第 50 页。

[3] 参见《德国刑事诉讼法典》，岳礼玲、林静译，中国检察出版社 2016 年版，第 28 页。

押，紧急情况检察院决定的规定属于在程序性涉物处分权方面存在交叉的情况，但该规定该款的第 2 句为，"依照……在编辑部、出版社、印刷厂或者广播电视台处所里的扣押，只能由法官发布命令"[1]。又如对数据相关领域，德国"数据的比对和传送只能由法院发布命令，在延误就有危险时也可由检察院发布命令。在检察院发布命令后，应当毫不拖延地提请法院确认。如果在 3 个工作日内未得到法院确认，此命令将失效"。这里的"数据传送"可能涉及相关实物载体，而对载体的扣押等属于相关程序性涉物处分行为。故此相关涉及数据或其载体的物品领域，相关职权原则上配置于法院，但允许检察院在紧急情况下实行暂时处分。值得注意的是，这种暂时处分应属效力待定，根据规定其须立即由法院确认，否则将失效。再如德国对于邮件的扣押，只有法院或在拖延就有危险时检察院有权实施扣押，但若检察院的扣押令在 3 个工作日内未得到法官的确认，则将失效。[2]另外，德国法"为保全财产刑命令假扣押"中规定"鉴于财产刑而作的假扣押，只能由法官做出，在延误就有危险时检察院也有权命令。检察院做出命令的，应在 1 周之内申请法官确认。犯罪嫌疑人可以随时申请法官裁决"[3]。此类"假扣押"应属于与证据扣押相对应的为将来执行财产刑而保全相关财产的扣押。当然，我国目前尚无类似的财产保全的刑事扣押，但该类扣押显然也是程序性的涉物处分。

　　笔者将该种模式概括为"准独占模式"，因为在特定领域，或对特定对象的扣押等程序性涉物处分原则上只归属司法机关行使，如狭义的司法机关法院。但结合特定情况又允许其他机关先行决定处分，事后仍须司法机关（原则上具有决定权的机关）追认效力。综上，总体上该模式属于一类机关基本"垄断"程序性涉物处分权，特定情况其他机关的暂时处分仍须事后得到确认，所以称之为"准独占模式"。最后，准独占模式从上述规定中可以做出理论上的归纳，但实践中可能呈现交叉模式的实质，即事

---

[1]　参见《德国刑事诉讼法典》，岳礼玲、林静译，中国检察出版社 2016 年版，第 28 页。
[2]　参见《德国刑事诉讼法典》，岳礼玲、林静译，中国检察出版社 2016 年版，第 30 页。
[3]　《德国刑事诉讼法典》，岳礼玲、林静译，中国检察出版社 2016 年版，第 57 页。

后的确认或审查可能流于某种程度的形式化，而使之失去"独占"的"震慑性"。

二、模式评析

以上对实然存在的程序性涉物处分权的配置情况归纳为三种模式，即平行模式、交叉模式、准独占模式。这种模式划分，第一是基于比较法中具有典型性的现行规定、判例等，第二主要是着眼于职权配置后的整体归属情况。

对上述三种模式进行评析，一方面进行相应横向比较，另一方面也为寻找规律、寻求借鉴。首先，从利弊分析上看三种模式确实各有所长。平行模式赋予各阶段各机关相对均衡的职权，而且在侦查阶段便于高效开展相关程序性涉物处分行为，亦即侦查行为或措施。如此一来，便于实现惩罚、打击犯罪的诉讼目的。试想如果未来对涉物程序性处分类型进行改革，扩大其现在仅有证据保全功能的相关措施至包括财产保全的情况在内，则平行模式还将便利和促进刑罚财产刑执行，乃至有利于其他刑事涉财产执行的实现。交叉模式的优势也比较明显，该模式具有比较大的灵活性，兼具程序控制和高效追诉、固定证据等不同需求。尤其是在侦查阶段面对紧急、迫切的取证需求，及时固定证据性涉案财物以防湮灭的实际情况不可避免，如果"一刀切"地采取侦查之外的机关"垄断"全部涉物程序性处分权的固化模式，则对诉讼进程尤其是侦查阶段的顺利进行而言将增添阻碍因素。准独占模式的优势即在于限定在特定领域或情况，其具有比较明确的针对性。一般而言，完全限定于某类机关诉讼全程拥有程序性涉物处分权，而排斥其他机关的决定和实施的做法并不适应纷繁复杂的实践情况。但该类模式并不是完全僵化，其中包含并允许其他机关先行决定、实施，而后再得到该类机关的确认即可。故这种模式在适用范围、实现方式上具有相当的可行性，可谓基本做到了考虑和平衡不同价值取向和司法实践需求。

其次，从利弊分析上也不容回避的是三种模式仍然各有短板，在适用中也会存在某些弊端。平行模式虽然带来侦查取证高效,保证后续相关执行顺畅的效果,但也存在外部机关控制有限、外部监督不强的弊端。交叉模式虽然兼容不同情况,具有一定的灵活空间,但也存在授权未明确限定在某一个机关时,不同情况下不同机关之间可能推诿,或者重复实施的"撞车"情况等。其除了可能引发诉讼进程迟滞之外,还可能会在实际运行中引起新的矛盾和问题。准独占模式虽然也尽量做到原则与例外相结合,采用预先决定与事后追认并用等方式,但也存在确定适用范围不周延、不能穷极特殊情况,体现出法律滞后性等问题。比如科技信息化时代主导下的司法实践,在科技与法律,科技与刑事诉讼之间生发出很多新现象、新情况。因此,相关情况可能无法预先体现在成文法中的具体条款里。既然无法精准限定适用对象,则准独占模式将无法覆盖所有可能情况。

再其次,在利弊分析基础上,笔者试图提炼总结对各种模式设置的主要影响因素。这些主要影响因素包括但不限于诉讼价值与目的追求,如在诉讼实体公正、程序公正,诉讼效率等价值之间,以及惩罚犯罪与保障人权的诉讼目的之间等侧重何者;考虑不同诉讼阶段的任务、特点等,如侦查伊始是否具有某些紧急情况,侦查阶段的任务设置及特征,侦查取证的时效性,审前或审判阶段的公开性程度、程序参与程度等;涉案财物本身的特殊性,如所需查获的涉案财物或罪证的物理特点是否会导致取证具有紧迫程度,是否具有取证、固定等方面特殊客观要求;可能侵犯权利的情况,如涉物程序性处分针对的权利本身的性质、侵犯的程度,是否具有不可救济性等。当然,其实根据比较法中不同国家或地区的实际情况,影响因素可能还会包括诉讼理念及模式、宪法性权利保障规则、配套诉讼或证据制度等。

最后,对我国可能带来的启示也需重点关注。具体论证我国的相关诉讼制度改革建议将在后文专门展开,此处从宏观的方向角度略作分析。笔者认为,一方面应考虑按照涉物程序性处分措施的功能、目的区分职权配置情况,如区分证据保全、财产保全等不同功效,在此基础上论证是否需增加、扩充涉物程序性处分的类型，以及赋权配置情况。如有学者研究两大法系典型的立法例后发现德国对物强制处分呈现"以扣押为主体的分化"模式，相对应的比较法考察后概括出美国则为"干预强度递进的阶梯"模式，在此基础上，该论者建议首先应重新定位对物强制处分的功能，[1]即在我国完善对物强制处分制度之前须在理论上澄清制度适用的目的、功能等方向性问题。前述笔者归结的三种模式下的程序性涉物处分权配置在目的、功能上其实存在共性和差异。这些需结合背后的功能目的与价值平衡角度进行理解。除了平行模式主要以证据保全为主之外，其他模式基本覆盖证据保全、财产保全等不同功效。另一方面，应结合干预权利的内容、权利性质、干预程度等确定程序性涉物处分权的配置。前述笔者在考察不同模式时，曾在"准独占模式"中论及德国对于数据性涉案财物采取相关程序性涉物措施时的特殊规定。其实，背后蕴含的问题除了科技对法律以及刑事诉讼制度的影响之外，还突出表现为新兴权利的保障问题。即与数据相关的权利是否在相关措施中被干预，干预程度以及如何避免过度处分等需要重点研究。从传统角度看，其中包括宏观上的比例原则，中观上的诉讼制度配置，微观上的权利保障具体程序等。从新型视角观之，则可能属于数据法学相关背景下涉案财物本身的新类型衍生出的诉讼制度改革问题。这既体现在职权配置，也将体现于制衡之中（下文专论制衡问题）。

第二节　程序性涉物处分权制衡模式

一、制衡的不同模式

本部分对程序性涉物处分制衡问题宏观论述，依然采用对现存的情况进行模式划分的研究视角。笔者拟大体将程序性涉物处分权制衡模式分为事前授权审批制衡模式、事后的审查制衡模式、权利人抗辩制衡模式等

---

[1] 参见方柏兴："对物强制处分的功能定位与结构重塑"，载《北京理工大学学报（社会科学版）》2019年第1期。

三种。

（一）事前授权审批制衡模式

一般而言，较重大的程序性涉物处分都需要审批、决定后实施。事前授权的审批作为制衡的主要方式之一，至少包括司法外部授权、准司法外部授权、侦查机关内部授权等。从另一个角度，可以分为事前的令状原则、科层审批制等。

就作为侦查措施或司法调查措施的程序性涉物处分而言，通过事前授权的审批制衡方式可以规制国家权力良性运行。刑事司法内部职权制约应作为权力制衡、程序制约的结果。大到国家权力运行的各方面，小到刑事司法内部不同机关之间的办案过程，处分权的行使不可能由单一个体或个人完成。正如前文所论处分权内部具有不同层次性，这使其有条件分别由同一机关内部不同的机构甚至不同机关来行使。正如学者所论，由于权力拥有者的认识差异和利益差别，不同的权力拥有者就会有不完全相同的权力行使方式和状况，而且多数权力拥有者都难以避免地具有扩张或者膨胀权力的倾向。任何权力的扩张或膨胀都容易带来对其他权力的侵蚀，或者导致对个人权利的不当干预的后果。而无论是其他公权力还是个人的私权利等方面都是必须予以保护的。所以，对权力的制约就成了保障国家权力正当行使与个人权利依法保护的基础性要求。[1]

以上重点从权力制衡、权利保障的角度阐释了事前授权审批制衡模式的支撑性理论。具体而言该模式从广义上又可进一步划分。首先，最典型的即为狭义的司法外部授权型制衡。该制衡类型通常称作"司法审查"。公法领域，尤其是宪法行政法所言的司法审查指的是国家通过司法机关对行政机关行使国家权力的活动进行审查，通过司法方式纠正违法行为，并对违法行为给公民、法人、其他组织合法权益造成的损害给予相应救济的

---

〔1〕　参见方柏兴："对物强制处分的功能定位与结构重塑"，载《北京理工大学学报（社会科学版）》2019 年第 1 期；卓泽渊："论法治国家"，载《现代法学》2002 年第 5 期；高一飞、陈海平："我国侦查权多重制约体系的重构"，载《中国人民公安大学学报（社会科学版）》2007 年第 1 期。

法律制度。[1]这是衡量不同机关和不同性质的权力对行政权的制约角度，以及从事后审查的角度进行界定。将其引入刑事司法领域，一般指司法权对干预公民基本权利的强制侦查行为进行事先的审查、授权和批准实施。比如，有学者认为司法审查目前逐步演化为权力行使加上私权救济的法治国家实现法治的经典模式之一，其实践中呈现以正面授权与反面救济相结合的形态。[2]一般认为在域外刑事司法中很多国家对强制性侦查的事先司法审查属于无可动摇的制度规定。其实实践中未必如此。值得注意，欧陆法系国家对紧急情况侦查机关先予处分的大多给予较为宽松的实践运行空间，但又通常要求事后交给法官审查，且类似规定普遍存在。实践中"紧急危险"的情况下无须预先司法授权，如德国警察机构对住宅所实施的无证搜查达90%左右，警察所声称的"紧急危险"一般会被法院所接受。这是实践中多数侦查情况的现实缩影。但法治国家的司法审查制度也并未完全向实践妥协。如德国宪法法院要求强化法官的司法令状审批，具体要求法院24小时均设值班法官以签发令状，对紧急危险作更详细的审查。[3]当然从规定到实践，再到制度规范的类似强化的趋势至少可说明实践中其实存在制衡的某些不力甚至形式化表现，而制度随之调整、完善也说明理论上仍强调外部制衡的正当性和必要性。结合本书主题，这可以从程序性涉物处分权制衡的经典模式角度进行理解。

其次，准司法外部授权模式一般指除了法院的其他司法机关事前授权、审批的模式。比如在欧陆法系中，一般检察机关也被视为司法机关；而英美法系中检察机关一般被定位为行政机关。我国《宪法》规定中在"国家机构"一章的第八节将"人民法院"和"人民检察院"并列，一般理解为检察机关也是司法机关。但之所以笔者概括为检察机关等法院之外的其他司法机关事前授权为"准司法外部授权"模式，是因为检察机关一

---

[1] 参见罗豪才：《中国司法审查制度》，北京大学出版社1993年版，第1页。

[2] 参见陈在上："强制性侦查司法审查制度是权利保障的必需品"，载《广西社会科学》2018年第5期。

[3] 参见［美］史蒂芬·沙曼：《比较刑事诉讼案例教科书》，施鹏鹏译，中国政法大学出版社2018年版，第56页。

般还同时承担控诉职能，甚至是专门的国家公诉机关。所以，这与狭义的、典型的法院的中立性毕竟不完全相同。准司法外部授权模式一般在欧陆法系国家某些情况下有体现。如以搜查为例，有权签发搜查令的是法官，延迟有危险时，可以由检察官或其辅助人员决定，但联邦宪法法院判决对后一种情况设定了严格条件，检察官或其辅助人员必须以非常具体的事实为理由，而不能仅以一般的，甚至与案件无关的推测作为理由。[1]笔者认为，这种特定情况下"由检察官或其辅助人员决定"的方式即属于对涉物程序性处分权的制衡模式中的准司法外部授权的体现。

最后，侦查机关内部授权模式属于广义上的"事前授权审批制衡模式"。这是因为显然对于侦查措施类的授权而言，并不是外部的机关而是同一个内部机关的不同部门或者不同人员所做的相应审批。如果将司法外部授权、准司法外部授权视为事前的令状原则的表现，则侦查机关内部授权模式可属于科层审批制的代表。通常在内部审批需要逐层、逐级报送审批、核准等，所以呈现科层制组织结构的特点。比如，我国的《刑事诉讼法》授权侦查机关审查批准查封、扣押、冻结等涉物程序性处分行为，而相关的部门规章进一步区分不同情况，设置不同的内部审批权限等。

（二）事后的审查制衡模式

所谓事后的审查制衡模式一般指相对"事前授权审批制衡模式"而言的，对物程序性处分行为或职权在其行为或权限实施后由外部机关审查和确认。这种模式又可分为事后司法性确认、检察监督、事后的程序性制裁。

首先，笔者所谓事后的司法性确认一般指采取相应措施后皆需报法院审查、赋予其效力的模式。如德国的刑事诉讼法中有规定，关于扣押的命令问题，在提起公诉后，检察院或者它的一位辅助官员实施了扣押时，应当在3日之内法官报告；扣押物品交法官处置。[2]这里所谓向法官报告即应属于事后的司法性效力确认。

---

[1] 参见宋英辉等：《外国刑事诉讼法》，北京大学出版社2011年版，第318页。
[2] 参见《德国刑事诉讼法典》，岳礼玲、林静译，中国检察出版社2016年版，第28页。

其次，检察监督模式一般指在检察院审查案件或有权利人向检察院申请时启动的监督侦查行为合法性的模式。如我国《刑事诉讼法》在审查起诉中赋予检察院审查侦查行为合法性的职权，且属于强制性要求。[1]另外，其对于权利人提出检察监督的规定，在侦查阶段须向原机关申诉或控告，之后才能对处理不服的情况向检察院申诉，要求启动检察监督。[2]

最后，事后的程序性制裁主要指以非法证据排除为代表的对违法获取相关证据性涉案物品排除作为证据的资格，亦即对涉物程序性处分行为在诉讼程序上的否定性评价。如英美法系的证据规则比较成熟且为起源地之一的美国，根据其宪法第四修正案，任何人有不受不合理搜查或扣押的宪法性权利。据此，不符合法定例外情况时，公权力机关没有事先取得司法性授权（法官签发的令状）进行搜查或扣押后所获得的资料（物品）不得在法庭上作为证据使用。当然，一般在英美法系这种证据可采性的规则通常由权利人方申请而启动实施。

（三）权利人抗辩制衡模式

对于涉物程序性处分的抗辩行为，在前述模式之一将我国审前情况归为检察监督。因为在我国审前甚至审判尚未建立诉讼化的抗辩方式。但两大法系其他国家或地区在审判甚至审前阶段允许以诉讼化方式抗辩。

其一，大陆法系以德国为代表，允许权利人审前以诉讼抗辩模式制衡涉物程序性处分。如德国《刑事诉讼法》第111e条（命令扣押、假扣押）2中规定检察院命令扣押或者假扣押后，应当在1周之内申请法官对此命令予以确认。此规定不适用于检察院对动产做出的扣押命令。在所有情形

---

〔1〕 如参见我国《刑事诉讼法》第171条："人民检察院审查案件的时候，必须查明：……（五）侦查活动是否合法"。

〔2〕 如参见我国《刑事诉讼法》第117条："当事人和辩护人、诉讼代理人、利害关系人对于司法机关及其工作人员有下列行为之一的，有权向该机关申诉或者控告：……（二）应当退还取保候审保证金不退还的；（三）对与案件无关的财物采取查封、扣押、冻结措施的；（四）应当解除查封、扣押、冻结不解除的；（五）贪污、挪用、私分、调换、违反规定使用查封、扣押、冻结的财物的。受理申诉或者控告的机关应当及时处理。对处理不服的，可以向同级人民检察院申诉；人民检察院直接受理的案件，可以向上一级人民检察院申诉。人民检察院对申诉应当及时进行审查，情况属实的，通知有关机关予以纠正"。

下，所涉及的人员可以随时申请法院裁决。[1]同时，相关规定还保障权利人的知情权。又如同样是德国《刑事诉讼法》第 98 条（扣押的命令）2 中规定如果官员没有法官命令而实施了扣押，且在扣押时既无相关人，又无他的成年亲属在场，或者在相关人不在场时，他的成年亲属明确地对扣押提出异议时，应当在 3 日以内提请法官对扣押进行确认。相关人可在任何时间申请法院裁决……相关人应被告知权利。[2]再如其第 111o 条为保全财产刑命令的假扣押的第 3 款规定鉴于财产刑而作的假扣押，只能由法官做出，在延误就有危险时检察院也有权命令。检察院做出命令的，应在 1 周之内申请法官确认。犯罪嫌疑人可以随时申请法官裁决。[3]可见，审前权利人可通过诉讼化方式获得救济，也是对涉物程序性处分的制约方式。

其二，英美法系有的类似大陆法系模式，存在审前异议；还有的在审前赋予向法官陈述意见的机会。前者如美国的审前异议，源自部分巡回法院所确立的一项规则（The Jones-Farmer Rule）。即倘若被告人的财产被扣押或限制处分，以至于无法支付辩护律师的费用，进而损害了被告人宪法第六修正案所确立的律师帮助权，并且扣押令或限制令缺乏合理的根据，则法院可以根据被告人的申请启动相应的听证程序。在该听证程序中，倘若被告人通过提出证据和主张，成功挑战了扣押或限制令所赖以确立的合理根据基础，则扣押或限制令将被撤销。[4]至于后者，以澳大利亚同步独立型异议，即权利人抗辩前置于没收程序而在相关程序处分时即可做出的模式为代表。如其第三人异议须前置于没收解决。保全程序中法官对"限制令"签发前须确保已通知第三人，且给予其在"限制令"听审时异议机会，包括出席并举证，需排除异议才能签发限制令，后续也才可能有没收

---

〔1〕　参见《德国刑事诉讼法典》，岳礼玲、林静译，中国检察出版社 2016 年版，第 52 页。

〔2〕　参见《德国刑事诉讼法典》，岳礼玲、林静译，中国检察出版社 2016 年版，第 28 页。

〔3〕　参见《德国刑事诉讼法典》，岳礼玲、林静译，中国检察出版社 2016 年版，第 57 页。

〔4〕　参见何永福：《刑事诉讼涉案财物处置程序研究》，社会科学文献出版社 2020 年版，第 108~109 页。

等程序。[1]这也是通过权利人抗辩的形式对抗、制衡涉物程序性处分的做出。

二、利弊评析

以上对实然存在的程序性涉物处分权的制衡情况归纳为三种模式，即事前授权审批制衡模式、事后的审查制衡模式、权利人抗辩制衡模式。其中，事前授权的审批制衡模式至少包括司法外部授权、准司法外部授权、侦查机关内部授权等。或者可以分为事前的令状原则、科层审批制等。事后的审查制衡模式又可分为事后司法性确认、检察监督、事后的程序性制裁。权利人抗辩制衡模式在审判甚至审前阶段允许以诉讼化方式抗辩。其包括允许权利人审前以诉讼抗辩模式制衡涉物程序性处分；以及在审前赋予权利人向法官陈述意见的机会。

对于以上的利弊评析，总体而言制衡越有利于保障权利人私权，越有利于正确做出涉物程序性处分决定，越有利于避免错误或随意的滥用公权力，越能带来有利的结果。反之，则有不利的影响。具体而言，事前授权的审批制衡模式相比于后两种应该在及时性上最有利于权利人保障，也避免事后补救方式无效。但无疑事前授权的审批在追惩犯罪方面却有时发挥阻碍作用，客观上会使相关涉物程序性处分行为的做出发生迟滞。事后审查制衡模式通常有利于相关涉物程序性处分的尽快做出和完成，但事后经审查确认无效或排除相关实物作为证据等情况又发生不利于追诉犯罪的效果，可能使审前的相关程序行为归于徒劳。但这毕竟是对权利人的事后救济，一定意义上"晚胜于无"。最后的权利人抗辩制衡模式对于权利人的知情、诉讼参与、当面异议等程序性权利，以及维护自身实体性物权而言具有重要益处。即让权利人以看得见的方式实现程序正义，并且有利于实质维权。从这个角度而言，该种模式具有积极意义。但也不容否认的是，如果在诉讼尤其是审判阶段引入第三人，则庭审结构可能比较复杂。就算

---

[1] Proceeds of Crime Act of Australia, §.26

在审前以动议或听审方式解决，也同样会在一定程度上影响诉讼整体的顺畅性。当然，这是就追诉犯罪的角度而言。如果完全从权利人的视角出发，则可能不涉及刑事诉讼开展得高效与否，而是权利保障的力度和效果。

另外，就各自模式的内部类型而言，也各有利弊。事前授权的审批制衡模式中，一般认为司法外部授权是最为典型、彻底的制衡方式，但这也仅是从权力制衡的传统视角考察得出的论断。如果结合各国具体的刑事司法传统、民众司法观念、社会政策等因素考虑，则可能准司法外部授权，甚至侦查机关内部授权也具有一定的现实需求性，并且对各方利益兼顾且平衡不同诉求及价值。事后的审查制衡模式中的事后司法性确认、检察监督、事后的程序性制裁同样有利有弊。如果该类型是另一个机关依职权启动，则将对制衡实现"全覆盖"，但可能影响诉讼效率和惩罚犯罪的效果。但如果是权利人申请而启动，则将会使制衡更有针对性，但也有申请无效、制衡被规避的风险。最后的权利人抗辩制衡模式在理论上符合程序正当的构成要素，如赋予参与机会，但同样存在的问题为是否具有可推广性。因为一国的权利保障及救济方式的设置具有成比例性、配套性等客观限制，不能不考虑整体性的诉讼制度和相关措施。当然可以从系统改革的角度，统筹考虑配置诉讼制度的改革。但这毕竟涉及改革的成本和现实可操作性的问题。总之，对于利弊的评析并不仅仅是理论上的衡量，还有更为关键的实践意义。尤其是对于我国而言，如何取长补短、予以合理借鉴的问题不得不结合我国的司法传统、当下司法的实际需求，以及我国特有的实际情况，包括司法制度、司法政策、司法资源等综合考量。当然，笔者以上两节对于程序性涉物处分权配置以及制衡问题的分析主要着眼于一般意义上的共性问题。即试图归纳共有的一般模式和特点，寻找可资借鉴的规律。至于我国相应的现状、存在的问题及原因分析，以及未来发展的方向、具体的改革和完善建议及论证将在后文具体展开。

第四章

程序性涉物处分权配置与制衡之二

如前文所述，为保证刑事涉物处分问题理论研究的周延性，实现理论层面的学术意义和实践层面的功用价值，本书对"涉物处分"的概念采用广义化理解。就程序性涉物处分而言，是在对"涉物处分"广义化界定的基础上，以法律效果为导向所进行的更为具体的种类划分和现象概括，即"针对涉案财物的程序性强制处分，或过程性强制处分"。本章以此为前提，试对我国程序性涉物处分权基本内容予以探讨，梳理相关问题，以期对我国程序性涉物处分权的分配与制衡提供有效助益。

第一节　我国程序性涉物处分权概述

一、法律性质

"权力的拉丁语是 potere，意为'能够'，或具有做某事的能力。英文的 power，法文的 pouvoir，侧重指有影响、支配、操纵他人的能力与力量"[1]。在社会交往过程中，权力体现在一个行动者将其意志强加在其他人之上的可能，权力的性质则体现在其所包含的权力主体和职权内容之中。在刑事涉物处分领域，由于处分主体的复杂多变，程序性涉物处分权的法律性质并不容易进行明确且清晰的界定。一方面，就刑事诉讼法中关于审前涉物处分的规范内容上看，程序性涉物处分权体现出较强的侦查权

―――――――――――――
〔1〕 李晓南：《多元视野下的政治哲学研究》，云南大学出版社 2011 年版，第58页。

特点。如根据《刑事诉讼法》，侦查人员为收集犯罪证据、抓获犯罪人，有权对犯罪嫌疑人以及其他有关地方进行搜查，并对能够证明犯罪嫌疑人有罪与否的各种财物、文件进行查封、扣押。[1]为保障及时、准确、全面地收集证据，对于涉案财物往往积极主动地采取查封、扣押、冻结等措施，权力的运行多受上命下从的行政化管理模式的约束。显然，审前阶段程序性涉物处分权的运行，无论是权力内容还是运行模式，均富有较强的刑事追诉色彩，符合侦查权所具有的积极主动性、效率性以及执行性等特征。另外，侦查机关在审前采取的程序性涉物处分，在执行过程中包含了一定的判断活动。但这种判断活动并不等同于与司法权同质的"判断权"，原因在于，"审判过程中虽然也需要从事法庭指挥甚至进行庭外调查等活动，但其目的都是最终作出事实或法律上的判断。在侦查过程中，侦查人员也要从事一定的判断活动，但这些判断的最终目的也是服务于收集证据以及移交审查起诉这些执行活动的"[2]。

另一方面，以法院为权力主体的程序性涉物处分权具有司法权属性。人民法院对刑事涉案财物所具有的程序性查控职权，主要表现在合议庭对存疑证据的调查核实权。根据我国《刑事诉讼法》第196条，法庭审理过程中，合议庭对证据存有疑问的，有权在休庭后进行调查核实，调查核实的手段，包括勘验、检查、查封、扣押、鉴定和查询、冻结七种。也即，在刑事涉物案件中，法官在开庭审理过程中出现存疑证据情形时，有权对相关涉案财物启动查封、扣押、冻结等临时性查控措施。从立法沿革的角度讲，随着法官庭外调查核实权的逐步限缩和"去侦查化"，调查核实过程中的程序性涉物处分，在价值取向上更侧重于公正，而非效率，在诉讼目的上更偏重判断，而非执行。这种"判断"与"公正"，恰恰符合司法权之"对纠纷事实及法律适用进行审查判断"的本质属性。实际上，无论程序性涉物处分权的性质如何，其都是一项重要的法律权力，属于刑事诉

---

〔1〕　参见《刑事诉讼法》第136、141条。
〔2〕　陈卫东：《中国刑事诉讼权能的变革与发展》，中国人民大学出版社2018年版，第303页。

讼范畴，既包含决定权，也包含具体的实施行为，因此，其必须受到其他国家权力、公民权利以及相关法律制度的制衡。刑事诉讼中权力分配与制衡并不存在"放之四海而皆准"的理论，不同模式在适用层面的合理性和权威性是有边界的，该边界通常由诉讼目的、价值所决定。在研究程序性涉物处分权的配置与制衡问题时，相关权力属性问题固然重要，但该权力的规制问题更应研究，毕竟，制衡是本质和目的，配置是其工具与"投影"。

二、法律种类

刑事诉讼程序性涉物处分的法律种类指的是公安司法机关根据一定的标准，针对刑事涉案财物进行强制处分时所采用的不同表现形式或门类。结合《刑事诉讼法》中查封、扣押、冻结等规范内容，程序性涉物处分的种类划分主要以涉案财物自身的属性和特点为标准，如针对不能移动，或移动以后其财产价值极易因此而减损的不动产或大型动产，只能使用查封而不能使用扣押等程序性处分。研究并归纳程序性涉物处分的种类有利于厘清各种处分手段的特点和差异化，并在此基础上平衡价值冲突和多元目的，推动刑事涉案财物保全措施体系的构建。

权力不仅是一种意向性的能力，而且也是一种积极有效的行为。[1]在程序性涉物处分领域，为了防止权力在动态运行过程中的恣意，必须对内含于其中的"积极有效行为"进行范围的划定和界分。当前，基于对涉案财物处分的不同理解，学界对查封、扣押、冻结等程序性涉物处分权的研究视角呈现多元化现象。通过对法律种类的相关研究进行梳理，其界分方式大致可分为两种：第一种是明确界定程序性涉物处分的具体种类，包括"三分说"和"五分说"，前者认为财产性强制措施的种类只有三种，即查封、扣押、冻结；后者认为刑事诉讼法中对涉案财物形成强制的有五类诉讼情形，即勘验、检查；搜查；查封、扣押；鉴定；查询、冻结。[2]第二

---

〔1〕 参见樊崇义主编：《检察制度原理》，中国人民公安大学出版社 2020 年版，第 109 页。

〔2〕 参见胡宝珍等：《刑事涉案财物处置的法律机制研究》，厦门大学出版社 2018 年版，第 143 页。

种是未明确具体种类，而是在对"涉案财物审前处置""涉案财物保全措施体系""对物强制处分程序"等问题进行整体性地研究的基础上，以"查封、扣押、冻结等"的表述方式笼统地进行概括。如有学者将我国涉案财物处置程序定义为一项制度体系，该制度体系包括对物强制处分程序、先行处置程序、审前返还程序以及刑事涉案财物裁判程序，而对物强制处分程序主要是指查封、扣押以及冻结等手段。[1]笔者认为，基于本书中所提出的程序性涉物处分并非仅仅指涉审前侦查阶段中以证据保全为主要目的的侦查措施，而是关涉刑事诉讼侦查、审查起诉、审判阶段公安司法机关为实现证据保全和财产保全的目的，暂时剥夺涉案财物占有人对相关财物的占有、使用、受益及流转的程序性强制行为的总称，故而程序性涉物处分行为并不仅仅指查封、扣押、冻结三种。同时，考虑到程序性涉物处分的强制性特征，防止权力的直接拥有者或者管理者从权力的运行中获得非法利益，对于程序性涉物处分种类的概括也不适宜采用"查封、扣押、冻结等"的表述方式，而应当以明确的方式进行种类化界定，并辅之法律保留原则、程序性制裁制度等的贯彻和适用更为合适。据此，笔者认为，以刑事诉讼法为依据，结合程序性涉物处分权的属性和特点，程序性涉物处分的法定种类应明确限定为以下五种：搜查、查询、查封、扣押、冻结。

三、基本特点

我国刑事涉案财物处分权涉及多元法律属性和不同法律价值，处分程序的规范构成分散且复杂，根据学者的不完全统计，以《刑法》《刑事诉讼法》为基础，我国先后颁布了与刑事涉案财物处分相关的法律、法规、规章以及司法解释和其他重要的规范性文件共计四百余部，其中半数以上为现行有效。[2]当前，除了《宪法》、《刑法》、《中华人民共和国民法典》

---

[1]　参见李玉华主编：《中国刑事涉案财物制度改革发展报告 No.1（2020）》，社会科学文献出版社 2021 年版，第 207 页。

[2]　参见胡宝珍等：《刑事涉案财物处置的法律机制研究》，厦门大学出版社 2018 年版，第 27 页。

（以下简称《民法典》）及《刑事诉讼法》对刑事涉案财物进行相关规范外，近年来最高人民法院、最高人民检察院和公安部等陆续出台多部法规，大幅增加了对涉案财物处分的程序性规定。例如，公安部《公安规定》《公安机关办理刑事案件程序规定》，最高人民检察院、最高人民法院《人民检察院扣押、冻结涉案款物工作规定》《高检规则》《高法解释》，均涉及大量刑事查封、扣押、冻结等程序性规范。通过对相关法律、法规及规范性文件的梳理，可以归纳出刑事程序性涉物处分权具有如下特点。

一是主体多元。程序性涉物处分涉及两方主体，一方为国家公权力机关，另一方为涉物处分被执行人。根据《刑事诉讼法》，前者主要包括侦查机关、公诉机关和审判机关。如在侦查活动中，侦查机关有权查封或扣押对犯罪嫌疑人有罪与否发挥证明作用的各种财物和文件；人民检察院有权根据侦查犯罪需要，针对犯罪嫌疑人的存款、汇款、债权、股票、基金份额等财产进行查询和冻结；人民法院对存疑证据调查核实时，有权进行勘验、检查、查封、扣押、鉴定和查询、冻结。后者不仅包括犯罪嫌疑人、被告，也包括对于涉案财物占有、使用的其他利害关系人。

二是临时性。与刑事诉讼中针对犯罪嫌疑人、被告人人身自由进行暂时性限制的强制措施一样，查封、扣押、冻结等程序性涉物处分并不具有终局性和惩罚性，而仅仅是对涉案财物的占有、使用、收益及流转等权利进行暂时性地限制而非剥夺，其目的在于实现证据保全和财产保全的功能与价值，保障诉讼活动的顺利进行。

三是前置性。程序性涉物处分的前置性主要是针对与前文中其他三种涉物处分间关系而言的，即程序性涉物处分是实体性涉物处分、介于两者之间的准终局性涉物处分和准程序性涉物处分的前置性行为，这种相互关系又可以进一步厘定为手段和目的间关系。以程序性涉物处分与实体性涉物处分的关系为例，无论是对"犯罪分子违法所得的一切财物"予以追缴或者责令退赔，还是对"违禁品和供犯罪所用的本人财物"进行没收，刑事诉讼程序都是以对涉案财物的勘验、搜查、冻结、查封、查询、扣押等一系列程序性诉讼行为为开端的。

　　四是阶段性。程序性涉物处分的阶段性是由其临时性所衍生，要求程序性涉物处分无论是在刑事诉讼程序的哪个阶段采用的，在该阶段结束以前，应当根据案件的不同情况作出处理。如在侦查阶段针对不动产、特殊动产所采取的查封或对涉案股票、债权、基金等的冻结措施，在侦查终结时就要区分情况分别处理，对于与案件无关的，应及时解除相关措施并予以返还；对于查明属于赃款赃物的，应妥善保管，在核查后制作清单，随案移送，交付起诉和审判。

　　五是强制性。所谓强制性，主要是针对任意性而言。虽然在来源于日本学界有关强制侦查行为与任意侦查行为理论中，强制性和任意性的区分标准仍存较大争议，[1]且"单纯同意说"也存在较多缺陷，但主流观点仍将同意要素视为是区分侦查行为"强制性"与"任意性"的基础。以同意要素为标准，涉物处分程序中有关查封、扣押等程序性行为无疑具有强制性。我国刑事侦查并没有强制侦查与任意侦查之分，侦查机关在审前办理刑事案件所进行的侦查行为几乎都是强制的，没有同意与否的余地。例如，在侦查活动中，侦查人员一旦发现存有可用来证明构罪与否的财物和文件的，有权进行查封、扣押，遇有持有人拒绝交出涉案财物的情形时，侦查人员可以强制进行。

四、影响因素

　　刑事程序性涉物处分权是刑事诉讼中的有权机关以证据保全或财产保全为目的，依法对涉案财物占有人所享有的占有、使用、收益及流转等财产性权利进行临时性法律控制的权力。对程序涉物处分权的准确理解需要关注两个因素：一是程序性涉物处分权相对于刑事涉物处分权而言所具有的特殊性，二是程序性涉物处分权与程序性涉物处分两者间关系。就前者而言，程序性涉物处分权是在刑事诉讼中国家公权力机关针对公民财产权

---

　　[1]　参见王敏远主编：《刑事诉讼法学》（下），知识产权出版社2013年版，第694页。日本学界关于侦查中任意与强制的区分标准主要有五种学说，即"形式强制力说"、"形式权力侵害说"、"重要权利侵害说"、"单纯侵权说"以及"单纯同意说"。

进行干预的基础上，对干预行为之法律后果的特殊强调，即仅具有临时性、非终局性。就后者而言，程序性涉物处分权与程序性涉物处分具有密切关系，二者为一物之两面，并相互影响，相互决定。也即，程序性涉物处分权的性质由程序性涉物处分的法律内容所决定，程序性涉物处分的范围影响并决定程序性涉物处分权的权能边界。

程序性涉物处分权的价值功能主要体现在与以下相关因素的关系上。

第一，程序性涉物处分权与刑事诉讼目的。刑事诉讼目的是一国制定刑事诉讼法的预期目标或欲实现的某些预期结果，既涉及刑事诉讼中权力运行与权利保障的基本理念，也关乎司法实践活动的基本方向。我国《刑事诉讼法》第 1 条开宗明义地规定了立法目的。程序性涉物处分权的科学配置和有效运行有利于刑事诉讼目的的实现。其一，有利于保障刑法的正确实施。刑事涉物处分的实定法规范主要集中于《刑法》第 64 条，基于程序性涉物处分具有前置性，"追缴""责令退赔""及时返还""没收"实体性强制处分在司法实务中的实现，在很大程度上依赖有权机关对相关涉案财物采取的搜查、查封、扣押等处分情况。刑事查封、扣押等程序性涉物处分权的分配越科学，制衡程序越规范，越有利于实体性涉物处分的公正准确，进而保障刑法的正确实施。其二，有利于实现惩罚犯罪，保护人民的目的。近年来，随着互联网等科学技术的快速发展，刑事涉案财物案件在数量、影响以及复杂程度上都呈现急剧发展的趋势。尤其是在一些新型涉众经济类犯罪案件中，如"套路贷""P2P 网贷诈骗""电信网络诈骗""互联网金融犯罪"等，涉案财物的数量、种类及价值早已超出了人们的传统印象。刑事涉案财物在程序性处分上的规范和及时，对实现惩罚犯罪，有效保护公民合法财产具有重要意义。实务中，办案机关通过查明案件事实，及时冻结相关账户，查控涉案财产，能够有效防止犯罪嫌疑人、被告人转移涉案财物，隐匿、毁灭证据，预防再次犯罪。其三，有利于保障国家安全和社会公共安全，维护社会主义社会秩序。无论何种违法犯罪行为，都会对社会构成一定的危害，刑事涉物领域更是如此。程序性涉物处分权的优化配置和合法行使，能够保障刑事诉讼程序的顺利开展以及国家正常司法秩序的稳定，为社会成员安定生活和国家经济建设提供良好的环境。

第二，程序性涉物处分权与实体性涉物处分权。程序性涉物处分权与实体性涉物处分权间关系，在一定程度上是由刑事实体法与程序法间相互关系所决定的。一方面，程序性涉物处分权具有保障实体性涉物处分权顺利运行的工具价值。办案机关所享有的搜查、扣押、查封等处分权无论是权力运行上的规范设计，还是司法实务中的实践效果，都会在很大程度上影响实体性涉物处分权的实现。另一方面，程序性涉物处分权具有区别于实体性涉物处分权的独立价值，这种价值通常表现为程序正义，即为防止办案机关因过度追求对涉案财物的实体性处分而导致的非正义。程序性涉物处分的设计应纳入有章可循的轨道中，在充分保障犯罪嫌疑人、被告人及其他利害关系人财产性权利的同时，发现实质真实。

第三，程序性涉物处分权与公民财产权。洛克在《政府论》中提出，即便是最高权力，未经本人同意，不得去取任何人财产中的任何部分。[1] 公民财产权不可侵犯的本质含义，包括排除私人侵犯和反对国家权力恣意两部分。刑事涉物处分权运行的本质是国家公权力对公民基本权利的影响和干预，程序性涉物处分权作为刑事涉物处分权项下的一个分支，其运行结果体现为侦查机关或审判机关通过对涉案财物采取强制性查控手段而引发的公权力对公民财产性权利的限制状态。由此可见，程序性涉物处分权的完善程度与公民财产权的保障程度成正比关系，权力的分配与制衡科学完善，有利于在权利限制与保障之间寻求价值平衡，减少诉讼中不稳定因素，维护社会秩序。

---

〔1〕 参见［英］洛克：《政府论》（下篇），叶启芳、瞿菊农译，商务印书馆 1964 年版，第 87 页。

第二节　我国程序性涉物处分权配置与制衡的正当性基础

一、保障权力分配与平衡

18 世纪法国启蒙思想家霍尔巴赫曾指出，"希望凌驾于别人之上并保证自己统治别人——这是自然的、人人所固有的倾向"[1]。权力的本质性特征，决定了掌权的人不断地想要扩大权力，并尽可能地消除控权过程中的障碍。程序性涉物处分权作为刑事诉讼活动中有权机关的法定职权，解决的是未决状态下对涉案财物占有人财产性权利的法律控制问题。基于权力自身的强制性、扩张性和易滥用等特点，需要法律针对程序性涉物处分权依据一定的标准进行科学、理性配置，并在静态分权的基础上进行动态制衡，用权力和权利双向制约并监督处分权的行使，防止权力的行使超脱掌权者的理性控制，侵犯公民合法权益。根据程序性涉物处分的立法规范以及实践样态，程序性涉物处分权在运行上具有单向性、封闭性、救济不足等特点，一些学者认为，我国查封、扣押、冻结等行为完全由行使该权力的办案机关所决定，事前无法院许可，事后不受法院审查，当事人对涉物处分程序的参与性不足，意志无从体现，权力的运行尚未达到最低的公平正义标准。[2]程序性涉物处分权分配与制衡是根据权力自身属性设计的法律制约方式，通过对刑事涉物案件中权力与权利间冲突与平衡的分析以及不同主体间分权与制衡的结构设计，使不同的权力在相互扩张和碰撞中消减其负面作用，防止程序性涉物处分违法行为发生，维护权力谦抑。

---

〔1〕　〔法〕霍尔巴赫：《自然政治论》，陈太先、眭茂译，商务印书馆 1994 年版，第 194 页。

〔2〕　参见胡宝珍等：《刑事涉案财物处置的法律机制研究》，厦门大学出版社 2018 年版，第 143 页。

二、预防犯罪与保护公民财产权

"正当"一词原属于道德范畴，旨在对人之行为所作的价值判断。正当性不同于合法性或正确性，表达的是正义的应然状态，并蕴含一定价值判断标准。[1]在刑事领域，诉讼目的与诉讼价值具有密切联系，体现了国家根据各种刑事诉讼主体对诉讼价值功能的认知及其自身在诉讼中的客观需求，所预先设计的、希望通过立法规范和实践运行而实现的、理想的诉讼结果。[2]在这个有机整体内部，存在多种价值目标，各种价值目标有主次之分，并具有稳定性和变动性。传统刑事诉讼理论将刑事诉讼目的分为直接目的与根本目的，前者包括"控制犯罪""保障人权"两方面，后者旨在维护宪法制度及其赖以巩固、发展的社会秩序。程序性涉物处分权的分配与制衡对于实现刑事诉讼目的具有重要作用，一是预防犯罪。早期对犯罪预防功能的探讨，起源于"惩罚犯罪的一般根据"理论中，关于报应论与功利论的比较研究。功利论认为，刑罚的正当性只有通过"阻止较刑罚本身而言更为重大的损害"才能得以证明，"而所谓阻止更大的损害，只有通过预防犯罪才能实现"。[3]从手段与目的角度讲，犯罪预防的手段包括剥夺犯罪能力和震慑社会两方面。在刑事涉物处分案件中，程序性涉物处分作为针对涉案财物的一种临时性查控措施，虽不具有惩罚性，但由于其本身的强制性必然会造成涉案财物占有人失去占有、使用等权利受损样态客观存在。程序性涉物处分权配置与制衡机制的构建，为这种损害现象的发生提供了合理性依据，即通过对程序性涉物处分权的静态配置和动态制衡，规范查封、扣押、冻结等程序性手段的具体运行，暂时性地限制有关涉案财产权，实现限制犯罪嫌疑人利用涉案财物继续犯罪，使社会一般人因避免权利受限而不敢违法犯罪的预防目的。二是保护公民财产权。保护公民财产权既是程序性涉物处分权配置与制衡的价值理念与功能意

---

〔1〕　参见杨雄：《刑事强制措施的正当性基础》，中国人民公安大学出版社 2009 年版，第 17 页。

〔2〕　参见王敏远主编：《刑事诉讼法学》（下），知识产权出版社 2013 年版，第 694 页。

〔3〕　参见宋英辉等：《刑事诉讼原理》，北京大学出版社 2014 年版，第 11 页。

义，也是指导程序性涉物处分权合理配置和公平制衡的内在要求，既是起点，又是终点。"在一般意义上，财产权指的就是政府不得任意侵犯私人对自己拥有财产的自由支配权"[1]。从表面上看，公民的财产权总是体现在人与物的关系中，但是，当人类进入法治社会以后，财产问题在本质上所呈现出来的则是人与人之间的关系。程序性涉物处分权的配置与制衡机制的构建，有利于将涉案财物的程序性处分纳入诉讼化的轨道，通过对权能内涵的界定和运行范围的限制，赋予刑事诉讼当事人与相关利害关系人合法而具体的诉讼权利及救济途径，能够保障公民及法人的财产权规范行使，防止有权机关的任意干预和剥夺。可以说，刑事司法对公民财产权的保护和重视程度，与程序性涉物处分权配置与制衡机制的诉讼化、合理化程度成正相关关系。

三、贯彻程序正义理念

刑事诉讼中程序正义的重要性肇端于刑事判决的可错性。[2]刑事涉物处分案件中判决的可错性指的是，即便在一个相对完善的对物之诉程序中，被人们奉为权威，并为其合理安排日后生活奠定基础的刑事判决也可能是有误的。程序性涉物处分权的科学合理分配有利于在最大程度上减少刑事判决中的错误，提高社会对刑事判决结果的接受程度。一方面，有利于推进刑事涉物处分前置程序的诉讼化，提高判决的正当性。依据我国现行刑事诉讼法及相关规范性文件的规定，"查封、扣押和冻结等对物强制处分并未采取法官保留原则或者令状主义，而成为侦控机关自我授权和自行实施的对象"[3]。也即，程序性涉物处分权的运行状态距离应然层面的程序正义还有一定差距。程序性涉物处分权配置与制衡的功能之一便是旨在通过各种有效途径，对权力行使者形成特定的限制与约束关系，在这种

---

[1] 方柏兴："刑事涉案财物处置程序的诉讼化及其限度"，载《兰州大学学报（社会科学版）》2019年第1期。

[2] 参见宋英辉等：《刑事诉讼原理》，北京大学出版社2014年版，第21页。

[3] 方柏兴："刑事涉案财物处置程序的诉讼化及其限度"，载《兰州大学学报（社会科学版）》2019年第1期。

关系中，制约的形式主要分为权力制约权力以及权利制约权力两种，通过这种动态制衡关系，丰富当事人及有关利害关系人的权利，打破刑事涉物处分前置程序的封闭化、单一化状态，推进权力运行的诉讼化改造。另一方面，有利于刑事涉案财物处置程序中案外人诉权保障，拓宽权利救济渠道，增强判决的可接受性。有学者指出，我国当前刑事诉讼中涉案财物的处置存在着"审执不分""保全执行与终局执行分割而治"等问题，[1]极大影响了案外人利益的保护。产生该类问题的主要原因之一在于我国刑事诉讼法并没有将对涉案财产的扣押、查封等纳入司法审查体系进行规制，也未设立相关的程序性制裁机制与完善的权利救济途径，刑事扣押、查封、冻结措施的采行存在着决定权和执行权主体重叠的现象，导致涉物处分程序性行为实施过程过于随意，公开性和透明性较差。程序性涉物处分权配置与制衡是解决该问题的关键，也即，通过借鉴域外相关立法及实践经验，立足于我国国情，通过分权、赋权和限权的方式，保障公民财产性权利，实现刑事涉物处置程序中的公平与正义。

第三节　我国程序性涉物处分权配置与制衡的问题检视

一、规范检视

我国程序性涉物处分在刑事诉讼程序中利益关系错综复杂却尚未得到应有重视，刑事查封、扣押、冻结等处分的失范与不当，不仅会对当事人、利害关系人的财产权造成严重侵害，也会损害法律权威，阻碍司法公正的实现。经验表明，刑事司法中存在的多数问题，均与法律规定的缺失或相关规范的偏误有关，为尽可能缩减立法与司法间的错位，归纳、检视我国当前程序性涉物处分权的立法疏漏，明确法律问题，具有现实的必要性。

---

〔1〕　参见纪格非："刑事涉案财物处置程序中的案外人权利保护"，载《法学杂志》2020年第8期。

（一）规范构成粗疏零散

结合各具体程序性涉物处分的相关立法及规范，程序性涉物处分权的配置与制衡具有明显的粗疏、零散化特征。一方面，相较于我国系统、规范的人身权强制措施法律体系而言，程序性涉物处分的规范内容过于原则，可操作性不强；另一方面，刑事查封、扣押、冻结等程序性规定，散见于刑事诉讼法的不同章节和不同层级的规范性法律文件中，不具有系统的逻辑自洽，从而缺乏规范上的一致和效力上的统一。具言之。

首先，程序性涉物处分权运行的程序性规范疏失，不能满足司法实践需要。一是，程序性涉物处分权启动条件模糊。例如，根据我国《刑事诉讼法》，侦查活动中，采取查封、扣押的条件为发现"可用以证明犯罪嫌疑人有罪或者无罪的各种财物、文件"，[1]其中，"在侦查活动中发现"是否包括有关人员主动提供的情形，当前尚存疑问，也即，当出现被追诉人因主动投案而将随身携带的涉案财物予以提供，以及证人、报案人、控告人或举报人将涉案财物主动向侦查机关提供之两种情形时，侦查人员是否有权进行查封、扣押，相关立法并没有予以明确规定，导致司法实务部门在适用上面临困境。虽然根据《高检规则》，对属于犯罪嫌疑人、被告人"到案时随身携带的"且"可以证明犯罪嫌疑人有罪、无罪或者犯罪情节轻重"的物品，侦查人员"经过检察长批准后"有进行扣押的权力，[2]但该规范是否同样适用于公安机关及人民法院，目前仍存争议。二是，程序性涉物处分的法律效力失范。例如，根据《公安机关办理刑事案件程序规定》，查封的对象一般为不动产或大型特定动产，主要包括土地、房屋、船舶、航空器以及其他不宜移动的大型机器等。[3]司法实践中，由于这些大宗涉案财物自身的不易转移性以及诉讼经济等原因，侦查机关并不直接转移其占有，由此便产生涉案财物占有人私下转移其占有，进而侵害善意第三人权益之虞。为解决此问题，较为妥善的方式是对刑事查封、扣押等

---

〔1〕 参见《刑事诉讼法》第 141 条。
〔2〕 参见 2019 年《高检规则》第 210 条。
〔3〕 参见《公安机关办理刑事案件程序规定》第 228 条。

的法律效果依法进行公示，如到相关部门进行产权登记，以要式化的方式明确所采取的查封措施的效力，但考察我国涉物处分相关规范，并未对此进行程序性规定。

其次，程序性涉物处分与实体性涉物处分间缺乏有效衔接，刑事涉物处分没有形成严谨、自洽的规范体系。从规范内容层面讲，刑事查封、扣押、冻结等处分的功能主要包括两类，一是证据保全，二是财产保全。这两种功能的有效发挥对实体性涉物处分得以实现具有基础和保障作用。当前，我国学界多从积极方面理解并界定程序性涉物处分与实体性涉物处分间的关系，并未从消极方面对其予以足够解读，也即，违法查封、扣押、冻结等行为对于已经生效的实体性涉物处分将产生何种影响，是否会直接产生撤销、变更等法律后果，尚存疑问。[1]

最后，规范构成零散，且多有重复或冲突。据有学者不完全统计，我国关涉刑事涉物处分的法律、法规及其他重要的规范性文件共四百余部，[2]，相关规范主体不仅涉及刑事、民事等多个法律部门，同时一些没有立法权和司法解释权的部门也参与其中，如《中华人民共和国商业银行法》规定，除法律另有规定外，对于个人和单位存款、汇款，商业银行有拒绝任何单位和个人进行查询、冻结及划扣的权利。[3]又如 2021 年《高法解释》第 279 条与两办（中共中央办公厅、国务院办公厅）《意见》均对案外人的诉讼参与权进行了明确规定，但二者在规范内容上存有冲突，根据前者，人民法院应当听取案外人意见的要件是"案外人对查封、扣押、冻结的财物及其孳息提出权属异议"，只有在"必要时"，才"可以通知案外人出庭"，同时，"可以"之规定意味着，即使属于"必要"情形，人民法院也可以不通知案外人出庭。根据后者，法官依职权通知案外人参加诉讼，并听取意见的前提是"善意第三人等案外人与涉案财产处理存在利害

---

〔1〕　该问题类似于对人之诉中的"毒树之果"理论，也即违法程序性涉物处分是否会影响实体性涉物处分的效力。

〔2〕　参见胡宝珍等：《刑事涉案财物处置的法律机制研究》，厦门大学出版社 2018 年版，第 27 页。

〔3〕　参见《中华人民共和国商业银行法》第 29、30 条。

关系"。显然，后者对于案外人诉讼参与权的保障程度更强。但是考虑到规范性文件间的位阶效力，司法实务在规范选择上常面临困境。

（二）权力分配不均

我国刑事诉讼权力分配模式根植于不同诉讼主体与司法环境长期互动而形成的文化体系，组成这些文化体系的成分具有多元化特征，包括规范构成、体制机制、价值理念等。在刑事涉物处分领域，程序性涉物处分权的分配模式也是如此。在我国公检法三机关"分工负责、互相配合、互相制约"的原则下，刑事程序性涉物处分权在权力分配上也呈现"各自为主""分管一段"的特点。一方面，从权力主体的角度进行考察，程序性涉物处分权是一种"多元平行"的分配模式，公安机关、人民检察院及人民法院在不同的诉讼阶段对刑事涉案财物具有较为相似的程序性处分权，主要表现为三机关均可以依照各自的规范性文件，对涉案财物进行内部决定和强制性执行。例如，根据《公安机关办理刑事案件程序规定》，侦查人员需要对涉案财物、文件采取扣押措施的，经办案部门负责人批准，有权进行扣押；[1]根据2019年《高检规则》，检察人员经检察长批准，可以依法对相关人员的身体、物品或场所等进行搜查；[2]另一方面，从权力份额分配的角度出发，程序性涉物处分权则呈现出公检法三机关权力分配比重不均，侦查机关依法享有更为集中的程序性涉物处分权的特点。从《刑事诉讼法》中程序性涉物处分相关规范主要存在于侦查一章的立法体例，以及《高法解释》、《高检规则》及《公安规定》等规范性文件对审前程序性涉物处分的规范数量和内容上看，程序性涉物处分集中出现在庭审前的侦查活动中，也即，侦查机关依法享有更为集中的程序性涉物处分权。

（三）审查机制薄弱

刑事程序性涉物处分权审查机制的薄弱化是由多种原因共同作用的结果，表现在立法规范层面，首先，公安机关、人民检察院及人民法院在各自诉讼阶

---

[1] 参见《公安机关办理刑事案件程序规定》第227条。
[2] 参见《高检规则》第203条。

段均享有独立的程序性处分决定权，不受其他机关事前授权或审查。〔1〕同时，公检法三机关在各自的诉讼阶段内，有权解除或变更前一阶段的程序性涉物处分状态，不受其他机关的制约。〔2〕其次，审查模式以内部审查和事后审查为主，权力制衡效果薄弱。根据权力制衡原理，权力的合法性审查是实现权力分配与制衡的内在要求和重要手段。我国程序性涉物处分权的合法性审查大致可概括为一种以内部审查、事后审查为主导的审查模式。前者在事前审批和事后审查的过程中，审查依据主要来源于各部门自行设定的规范性文件，例如，《公安规定》第四章以专章的形式规定了公安机关内部相关职权部门对涉案财物处分的监督工作以及相关利害关系人的救济途径，在一定程度上解决了程序性涉物处分权的制衡问题，满足效率价值对诉讼活动的内在要求。但内部审查模式往往难以消除和避免部门利益，不利于对权力行使的有效限制和社会整体公正价值的实现。事后审查是检察机关依法享有的法律监督职能在刑事诉讼活动中延伸和具化，包括对侦查活动、审判活动中的违法行为提出纠正意见、发出检察建议或移送纠正违法通知书等。事实上，结合相关法律及规范性文件，检察院在刑事涉物处分中的监督仅限于"人民检察院应当加强法律监督"这一笼统性概括，缺乏具体程序上的可操作性。最后，审查方式以不公开、非诉讼化为主，行政化倾向明显。程序性涉物处分权审查的公开化和诉讼化，既是程序公开原则在刑事涉物处分权制衡中的要求和体现，也是制约权力公正合理运行的重要方式。当前，我国刑事程序性涉案财物处分的审查方式主要以书面材料审查为主，犯罪嫌疑人、被告人、辩护人及利害关系人对审查的情况无从知晓，即便是在法庭审判阶段，庭审中一般也并没有针对涉案财物处理的合法性设置专门的程序和环节，无论是对当事人、相关利害

〔1〕　根据《公安机关办理刑事案件程序规定》第222条，侦查人员经县级以上公安机关负责人批准，有权对犯罪嫌疑人以及可能隐藏罪犯或者犯罪证据的人的身体、物品、住处和其他有关的地方进行搜查，不受其他机关的事前授权或审查的限制。

〔2〕　根据《刑事诉讼法》第117、245条，人民检察院对决定不起诉的案件，应同时解除涉案财物在侦查阶段的查封、扣押、冻结。人民法院作出判决的同时，应对查封、扣押、冻结的财物及孳息作出处理。其他机关对此并无相应的提出复议或复核的权力。

关系人还是社会公众，都难以做到程序公开和透明。

（四）权利保障不足

权利保障的范围和程度对于权力制衡发挥着重要作用，我国立法相关规定并不尽如人意。在程序性涉物处分过程中，权力的行使体现出明显的单方性特征，被处分人的意志很少被顾及。一方面我国《刑事诉讼法》并未区分任意性措施和强制性措施，几乎所有的侦查行为均具有强制性，刑事程序性涉物处分程序缺乏公开性，没有赋予相对方充分参与的机会。另一方面由于权利告知等制度的缺失，犯罪嫌疑人、被告人、被害人等当事人以及其他利害关系人对涉案财物处分的具体情况无从知晓，缺乏确定性和可预期性，更遑论在程序性涉物处分中进行充分参与。

程序性涉物处分中的权利保障问题，首先在于立法对案外人的保障缺位。在权利保障方式上，《刑事诉讼法》并没有对案外人关于涉案财物的确权异议制度进行明确规范，案外人提出权属异议的，只能根据 2021 年《高法解释》第 279 条，向人民法院提出意见，人民法院在“必要时”，可以通知案外人出庭。同时，虽然 2021 年《高法解释》第 279 条中的“案外人”与《刑事诉讼法》第 299 条违法所得没收程序中的“利害关系人”具有重合之处，但二者均非刑事诉讼当事人，[1]也即，对程序性涉物处分提出异议的案外人并不具有与当事人相同的诉讼主体地位和充分的诉讼权利保障机制。

其次，权力告知制度阙如。我国《刑事诉讼法》没有规定办案机关在采取程序性涉物处分时的告知程序，仅在第 138 条通过搜查时以出示搜查证为原则，以无证搜查为例外的规范方式，间接性地规定了搜查时的权利告知。程序性涉物处分权力的运行涉及犯罪嫌疑人、被告人财产权利行使上的限制，缺乏规范的告知制度或者告知不及时、不充分，不仅影响诉讼本身的及时性和辩护准备时间上的充分性，而且会导致程序不正义，影响

---

[1] 参见纪格非：“刑事涉案财物处置程序中的案外人权利保护”，载《法学杂志》2020 年第 8 期。对于利害关系人的诉讼地位，有学者主张他们应当是特别没收程序中的当事人，也有学者认为，利害关系人是当事人中的第三人。但无论哪种观点都着重强调应赋予利害关系人参与程序表达意见的机会。

裁判的可接受性。

最后，权利救济途径不完善。无救济即无权利，现行法律、司法解释及其他规范性文件虽然也规定了一定的救济手段，如当事人、辩护人、诉讼代理人及利害关系人对司法机关及其工作人员违法查封、扣押、冻结行为的申诉、控告权；[1]对公安机关及其工作人员违法违规处分涉案财物行为的投诉、控告、举报、复议或者国家赔偿权。[2]这些救济途径对涉案财物处分中当事人合法的财产性权利具有一定的保障作用，但从救济方式来看，多限于自身复查，而非由中立的第三方进行审查，在对违法违规的认定及纠错的实际能力上难免受到质疑。[3]

二、实践问题

程序性涉物处分权的实践问题，主要指涉程序性涉物处分权在实务中的运行状态。如前文所述，我国公检法三机关在不同的诉讼阶段对有关涉案财物均享有各自独立的查封、扣押、冻结决定权，且不受其他机关的事前授权和干预，导致司法实务中对物查控活动缺乏有效的监督和约束，权力行使异化。下文通过梳理我国程序性涉物处分权在实践运行中的问题，分析问题成因，以期对程序性涉物处分权配置与制衡机制的构建方向提供助益。

（一）程序性涉物处分权启动随意性大

实践中，程序性涉物处分权存在启动随意性大，程序性控制薄弱的现象。以刑事搜查措施为例，《刑事诉讼法》为搜查的启动设置了较为粗疏的条件，即"为了收集犯罪证据、查获犯罪人"。[4]由于规范内容缺乏实质限制，办案人员对是否存有犯罪证据或犯罪嫌疑的判断往往只能凭借自身的直观感受，当其在主观上认定相关条件已经具备时，便可以向本机关

---

[1]　参见《刑事诉讼法》第 117 条。

[2]　《公安规定》第 30 条。

[3]　参见温小洁："我国刑事涉案财物处理之完善——以公民财产权保障为视角"，载《法律适用》，2017 年第 13 期。

[4]　《刑事诉讼法》第 136 条。

县级以上公安机关负责人或检察长申请相关令状，特别是在有组织犯罪涉案财物的程序性处分中，基于此类案件法益侵犯程度的严重性，为保障惩罚犯罪目的的实现，令状审批人员与执行人员之间共同的利益趋向决定了批准主体往往难以保持客观超脱地位。

（二）程序性涉物处分执行程序不规范

刑事涉案财物处分在刑事诉讼中是一个法律关系复杂、关涉多方利益的问题，司法实务中，由于个别侦查人员存在重实体、轻程序的执法观念，在依法、依规扣押冻结刑事涉案财物的自觉性和重视性方面不够充足，导致程序性涉物处分权在具体执行方面常以便利和效率为导向，执行程序不规范，容易发生违法扣押冻结刑事涉案财物，损害当事人利益的问题。[1]第一，案卷移送单证不一。根据《刑事诉讼法》第245条，办案机关对犯罪嫌疑人、被告人的财物及其孳息采取查封、扣押等措施后，应制作清单并随案移送。对不宜移送的，应当及时将其清单、照片或者其他证明文件随案移送。但何为"不宜移送"以及具体的移送程序，《刑事诉讼法》没有进一步的细化规定，导致各地在对采用"实物移送"还是"单据移送"的选择上做法不一。另外，从目前我国公诉机关制作的起诉书内容上看，一般其并不包括对审前相关涉案财物的查控情况、指控意见，加上法院受案时有时又缺乏对涉案财物随案移送情况进行审查的法律意识，导致立法中规定的"查封、扣押、冻结被告人的违法所得或者其他涉案财物，并附证明相关财物依法应当追缴的证据材料"之立案审查程序形同虚设。[2]第二，见证人制度执行不规范。见证制度是制约执行权运行的有效途径，我国《刑事诉讼法》在侦查一章中对搜查、查封及扣押措施都规定了见证制度，但从实际执行效果看并不如人意。实践中，查封、扣押相关涉案财物时物品时，刑事当事人及其家庭成员在场制度或邻居见证人制度执行不

---

〔1〕 参见刘国旌："转型时期刑事涉案财物扣押冻结问题研究"，载《政法学刊》2012年第4期。

〔2〕 参见吴成杰："刑事涉案财物处理程序问题研究"，载《法律适用》2014年第9期。

规范，[1]执行方式各地不一，不利于解决案件纠纷，维护法律的尊严和权威。

（三）合法性审查形式化

当前，程序性涉物处分权的合法性审查主要包括三种类型，即部门内部审查、检察院事后审查以及法院庭审阶段的审查。首先，在部门内部审查层面，部门利益的掣肘成为程序性涉物处分合法性内部审查规范化受阻的重要因素。司法实践中主要体现各办案主体在部门独立、整体利益的导向下，为便宜行事，提高办案效率，对前述违法行为鲜有事中制约和事后控制。可以说，我国刑事涉物处分内部监督存在审查不严、管理制度失范的问题。其次，在检察院事后审查层面，由于侦查机关对程序性涉物处分的决定和执行活动在实践中基本处于封闭状态，程序公开性不足，检察院缺乏及时获取刑事查询、冻结等信息的渠道，导致对侦查活动合法性的事后审查、监督常常呈滞后、失效状态。根据我国《刑事诉讼法》相关规定，检察机关除了对侦查机关立案、批捕及审查起诉进行刚性监督外，没有直接用于对刑事搜查、查封等程序性处分进行事前授权和事后制约的权力，对侦查活动的法律监督常常徒具成文，制约效果并不明显。2010年之后所颁布的规范性文件中对检察监督虽有所强调，但大多仅具有原则性的宣示意义，可操作性不强。例如，中共中央办公厅、国务院办公厅《意见》第15条虽规定要"进一步加强监督制约"，但从规范内容上看，仍仅限于"人民检察院应当加强法律监督"这一原则性表述，对其监督方式并未进一步加以细化。最后，在法院庭审阶段的审查层面，受司法制度、法律观念、效率价值和社会经济等因素的影响，法院对审前侦查活动中所采取的程序性涉物处分行为的司法查控同样存在形式化、走过场的倾向。主要原因在于庭审中缺乏相对独立的财产处理程序，涉案财物处分的合法性审查往往被纳入刑事案件中进行附带性处置，导致审查缺乏实质化，难以起到制约效果，容易削减侦查阶段对涉案财物处置的关注，反向加大办案

---

[1]　参见李建明、陈春来："论刑事诉讼涉案财产处置的法律监督"，载《人民检察》2017年第3期。

人员对待涉案财物相关的事实和证据调查、搜集工作的消极、随意性。虽然从规范层面讲，相关权利人可以申请国家赔偿等救济途径，但其属于事后救济，规范内容笼统粗疏，对于涉案财物的违法程序性处分缺乏及时威慑、修正价值，法律效果呈名惠而实不至的尴尬局面。

（四）违法救济途径受阻

无救济则无权利，无权利则难以实现权力制衡。实践中，涉案财物处分行为的违法救济途径受阻主要体现在三个方面，一是当违法程序性涉物处分造成当事人及利害关系人权利受损时，权利人虽然可以向该机关提出申诉或控告，但受理申诉或控告的机关往往基于部门内部利益等因素考量并没有及时予以处理。二是程序性涉物处分权的不当行使往往具有即时侵害性，现行法律规范中的救济途径，如申请国家赔偿、检察机关依申请或依职权所进行的审查和监督等，大多属于事后救济，对于公民财产权缺乏即时的保障和威慑违法处分作用。三是案外人保护及救济在实践中被边缘化。如出现案外人对程序性涉物处分的涉案财产提出权属异议时，根据2021年《高法解释》第279条第2款，人民法院"应当听取案外人的意见"，但该条同时规定"必要时，可以通知案外人出庭"，也即案外人是否有权出庭委诸法院主观上对"必要性"的现实考量。同时，由于案外人（或利害关系人）在刑事涉案财物案件中的参与程序，包括提出异议的途径、手续、期限，案外人异议的处理方式及程序，案外人的诉讼主体地位问题以及其在法庭中举证、质证、认证的程序等，相关解释均没有作进一步规定，导致程序性涉物处分权的"权利制约"不足，监督制衡机制存在较大盲区。

第四节　我国程序性涉物处分权配置与制衡未来发展

一、影响因素

刑事司法制度的发展和权力运行状态，深深植根于司法理念与社会自治的深厚土壤中，这是我们认识权力分配与制衡的前提性命题。对于刑事程序性涉物处分权配置与制衡的理解，不能局限于固有的定义式的认识，而应当结合程序正义、人权司法保障理念、诉讼目的、诉讼构造及诉讼功能来进行。

（一）程序正义和人权保障理念

在法律科学中，学者们对"程序"一词的理解有不同的解读，一种观点认为"程序"是按照一定的顺序、程式和步骤制作法律决定的过程，这种过程一般都由国家在专门的法律中予以明确规范、限定，因此也被称为"法律程序"。也有学者提出不同观点，认为不能将程序仅仅理解为做决定的过程，而是应当包括做决定应当遵守的制度和原则，以及对此的评价。[1]笔者认为后一种观点更为妥帖，原因在于其更能承载程序公正价值的重量以及所延伸的领域。根据一般法理，程序正义理念源于自然正义，自然正义理念根植于自然法。表现在刑事诉讼中，程序正义的最基本要求是，与诉讼结果有利害关系的，或者可能基于该结果蒙受不利益的人，都有机会参与诉讼程序，并在诉讼参与的过程中得到提出有利于己的主张和证据，以及反驳对方所提的主张和证据的权利。[2]

人权保障理念与程序正义理念互为导向、互相影响，17、18世纪欧洲启蒙运动、自然法思想的复兴推动了人权理念的勃兴，被告人的诉讼角色经历了从诉讼客体到诉讼主体的转化，程序正义也在此基础上得到前所未有的重视。在我国刑事法领域，随着"国家尊重和保障人权"入宪，刑事诉讼中人权保障性条款逐步增加，非法证据排除规则、认罪认罚从宽制度、值班律师制度等均体现了我国刑事诉讼中的人文关怀。但根据比较法的研究，我国在立法规范及司法实务中对程序公正理念的落实，相较于国际人权公约中最低保障标准仍有较大差距，特别是在刑事涉物案件中，对涉案财物的处分缺乏合理的程序设置，对涉物处分权的分配与制衡缺乏足够的司法控制与权利保障，实务中对违法处分涉案财物的问题难以得到解决。因此，在程序性涉物处分权分配与制衡的构建上，不能只关注追诉、

---

〔1〕　参见王敏远主编：《刑事诉讼法学》（上），知识产权出版社2013年版，第144~145页。

〔2〕　参见宋英辉等：《刑事诉讼原理》，北京大学出版社2014年版，第24页。

惩罚犯罪这一单一目的，而是要均衡程序正义、人权司法保障与惩罚犯罪、保障诉讼活动顺利进行间的价值平衡，综合案件整体进行考量。

（二）诉讼目的、构造与功能

刑事诉讼目的反映国家意志，体现了一国刑事追诉活动的诉讼价值观，与一定历史时期的政治、社会文化和经济等因素有关。刑事诉讼构造体现了刑事诉讼的基本方式及控诉、辩护、裁判三方在刑事诉讼中形成的法律关系的基本格局。刑事诉讼构造较早是由日本学者提出并确立于刑事诉讼法之中的，20 世纪 90 年代以来，我国一些中青年学者通过借鉴日本刑事诉讼构造理论和美国刑事诉讼模式理论，明确提出了"刑事诉讼构造"这一范畴并以此作为工具用以分析我国刑事诉讼控辩审三方法律关系问题。[1]同时，学界通过对域外帕卡的犯罪控制模式与正当程序模式、格里费斯的争斗模式、戈德斯坦的弹劾模式和纠问模式等典型刑事诉讼模式进行研究分析的基础上，对我国刑事诉讼中控辩审三方关系进行审视，提出"横向结构和纵向结构""三角结构和线性结构"等分类模式。刑事诉讼构造中的重点和核心问题在于诉讼主体间关系，可以说，有什么样的控辩审三方关系，就呈现什么样的刑事诉讼构造格局。同时，根据刑事诉讼基本理论，在刑事诉讼构造与刑事诉讼目的之间的关系上，前者是实现后者的基本方式，后者决定并影响后者的形成，而二者间的相互作用，又决定了刑事诉讼的价值与功能。由于刑事诉讼中的权力运行状态是诉讼主体相互关系中的重要内容，而诉讼间主体关系影响并决定着诉讼构造的模式，故而刑事诉讼目的、构造与功能与诉讼中权力分配与制衡具有密不可分的关系。具体到刑事涉物处分案件中，刑事诉讼目的、构造与功能制约并影响程序性涉物处分权的分配与制衡机制的构建。

二、适用原则

根据《辞海》的解释，原则是指人们"观察问题、处理问题的准绳"[2]。

---

[1] 参见王敏远主编：《刑事诉讼法学》（上），知识产权出版社 2013 年版，第 203 页。
[2] 辞海编辑委员会编：《辞海》，上海辞书出版社 1979 年版，第 151 页。

程序性涉物处分的适用原则，不论是在刑事涉物处分规范体系，还是在刑事涉物处分理论体系，都居于承上启下的地位。其中，法治原则、均衡原则、比例原则和参与原则，反映了刑事诉讼中权力配置与制衡理念与目的之要求，能够对刑事涉物处分具体制度、规则提供规范性指导，是构建程序性涉物处分权配置与制衡机制应当遵循的准则。

（一）法治原则

《布莱克法律辞典》将"法治"定义为"由最高权威认可颁布的并且通常以准则或逻辑命题形式表现出来的、具有普遍适用性的法律原则"[1]。法治理念在西方最早可追溯至古希腊时期，亚里士多德的法治理论对西方的司法传统产生深远的影响，他提出法治应包括两重意义：一是已经成立的法律获得普遍的服从，二是大家所服从的法律又应该是本身制定的良好的法律。[2]法治的本质特征是通过法律的手段维护社会秩序，具体到刑事诉讼领域，法治原则的核心是运用法律的手段对权力的行使形成特定的限制和约束，保障诉讼当事人的合法权益。在刑事程序性涉物处分权分配与制衡的框架下，法治原则在应然层面上应包括以下几个方面：一是法律保留。程序性涉物处分权的决定主体、权力运行程序及处分对象范围应当由法律事先明确规定。二是程序性法律后果。程序性涉物处分权在运行过程中违反法律规范时，该行为及其后果，在诉讼程序上不予认可或予以补正。三是尊严价值。程序性涉物处分权的设置与运行应当关注尊严价值，[3]使权益受有直接影响的利害关系人，获得基本的公正对待，从而具有人的尊严并积极参与裁决制作过程，成为主动影响裁决结果的程序主体，而不是消极承受国家处理、追究的程序客体。

（二）均衡原则

均衡，也称平衡，是指行为主体在互动过程中，所有的行为主体同时达到价值最大化目标而趋于持久存在的相互作用形式，并在此作用形式上

---

〔1〕 参见李蓉：《刑事诉讼分权制衡基本理论研究》，中国法制出版社 2006 年版，第 256 页。
〔2〕 参见宋远升：《刑事强制处分权的分配与制衡》，法律出版社 2010 年版，第 68 页。
〔3〕 参见王敏远主编：《刑事诉讼法学》（上），知识产权出版社 2013 年版，第 99 页。

各行为主体所处的相互作用、制衡的状态。[1]刑事诉讼中权力运行的平衡在本质上等同于权力间的相互制约，广义的权力制约具有权力的静态分配和动态制衡两方面的内涵，表现形式分为三种，一是权力制约，二是权利制约，三是制度制约。权力制约是指上下位关系的权力之间以及平等关系的权力之间存在的相互限制和约束关系，主要表现为立法者通过对诉讼中权力进行规范化的静态分立后，再辅之以复杂的平衡技术，使各权力互相动态化参与，以防止出现过于集中且不可查控的权力，如司法审查、审级制度等。权利制约指诉讼当事人及其他诉讼参与人通过合法的权利对抗非法的公权力，从而达到制约的目的，表现形式主要包括权利保障和权利救济，如对于违法侦查行为提出控告、申诉及国家赔偿等。制度制约是指以刑事制度或法制来制约权力，主要表现为通过立法创制、修改、废止法律，确定刑事制度、原则、规则及程序，明确刑事诉讼中的权力范围和边界，进而实现制度或法制对公权力的运行形成强制性限制和约束，防止权力滥用。在程序性涉物处分权分配与制衡的领域，均衡原则要求刑事查封、扣押、冻结等程序性涉物处分的决定权、执行权之间，权力的内容与权限范围之间以及权力与权利之间应保持一种在量上达到平均，在质上达到均衡的状态。质言之，一是程序性涉物处分权运行中所关涉的决定权和执行权在刑事诉讼权力主体间应当合理分配、相互制衡。二是查封、扣押、冻结等具体程序性涉物处分行为的启动条件、处分对象的范围、期限、程序性后果、救济途径等程序性规定应当由法律事先明晰。三是立法中关于程序性涉物处分权的分配与制衡的规范设置既要注重权力运行中的纵向制衡和横向制衡，又要关注诉讼中被告人、被害人以及利害关系人之间权利保障上的均衡，不能顾此失彼，有所偏颇。

（三）比例原则

比例原则，又称适度原则，是调整国家权力和公民个人权利之间关系应当遵循的一项基本准则。比例原则作为现代法治国家公法领域的重要条

---

[1] 参见李蓉：《刑事诉讼分权制衡基本理论研究》，中国法制出版社2006年版，第226页。

款，对平衡公权力运行的合法及适当、人权保障程度与社会维稳需求间的价值取舍发挥着不可替代的作用。比例原则可以追溯至 13 世纪英国《大宪章》，即"人民不得因为轻罪而受到重罚"，19 世纪初在德国警察法中正式成为一项法律原则，其原始含义包括 3 项子原则：手段符合目的的妥当性原则、手段所造成的损害最小的必要性原则以及手段对个人的损害与产出的社会利益相均衡的原则。[1]英美国家诉讼理论中十分强调强制性处分限制适用的理念与比例原则，在美国法律中，"合理性原则""平衡原则""最不激烈手段原则"等均体现了比例原则中的相应理念和构成因素。[2]在论述刑事诉讼程序中贯彻比例原则的正当性基础时，美国学者提出"实地调查的有错性"观点，即实地调查是容易产生错漏的，而"失去自由"即意味着政府对个人进行最严厉的剥夺，因此，政府对犯罪嫌疑人的调查和拘押应设有权力限制和权力边界。[3]同时，大陆法系学者也十分重视该原则在刑事诉讼领域的适用，如有学者认为，"以嫌犯为对象的强制措施，不论是属于财产性质（担保）抑或限制自由性质（行为的训谕或行为规则、羁押）的措施，皆须考虑其采用对象仍是——被推定无罪者，故其严厉程度不能超越社群所能忍受的程度"[4]。刑事诉讼中程序性涉物处分权的运行虽然并不意味着对涉案财物占有人财产所有权的剥夺，而仅具有对临时控制其占有、处分的法律效果，但权力自身的强制属性给被处分人所带来的心理压制和现实危险，要求刑事查封、扣押等具体措施的行使要符合目的上的妥当性，面对多种处分方式，只能选择可达到预期目的的一种；要求程序性涉物处分权对公民财产权利的干预必须是最低程度且损害最小，而这种个人损害的正当性又必须通过阻止更大的损害，也即产出更大的社会效益予以证明，并与之相均衡。

---

〔1〕　参见陈卫东：《中国刑事诉讼权能的变革与发展》，中国人民大学出版社 2018 年版，第 308~309 页。

〔2〕　参见陈永生："侦查程序原理论"，中国政法大学 2002 年博士学位论文。

〔3〕　参见陈永生："侦查程序原理论"，中国政法大学 2002 年博士学位论文。

〔4〕　参见宋英辉、吴宏耀：《刑事审判前程序研究》，中国政法大学出版社 2001 年版，第 31 页。

（四）参与原则

参与原则是程序正义理念的基本要求，其正当性基础来源于诉讼中利益主体积极参与程序，并于自主行使权力之基础上所确立的程序结果在社会及道德上的可接受性。[1] 刑事诉讼中的参与原则，主要表现在与刑事结果存有利害关系的人可以在诉讼中享有充分的提出于己有利的主张及证据的机会和能力。在我国刑事涉物案件中，刑事查封、扣押、冻结等程序性处分的前提是该涉案财物与案件间为证明关系，而非涉案财产与涉案主体间关系，意味着不仅犯罪嫌疑人、被告人面临着财产性权利被剥夺、限制的现实性危险，被处分涉案财物的其他的占有人，如犯罪嫌疑人、被告人的近亲属、案外人等也同样面临财产被查控的可能性。尤其是在一些涉众型案件，如非法吸收公众存款、集资诈骗等，由于案件复杂，涉及的当事人、利害关系人数量庞大，一旦出现对涉案财物违法程序性处分，不仅降低判决的可接受性，引发后续上诉、上访等现象，而且不利于维护公权力运行中应有的权威和严肃。因此，为充分保障涉物处分程序中各方利益主体的合法权益，防止因权力在实践中的异化行使而导致的财产权受损，并提高刑事裁判结果的可接受性，通过参与原则来指引程序性涉物处分权配置与制衡，规范告知程序，赋予利害关系人充分的抗辩、听证等程序性参与权利具有重要意义。

三、程序性涉物处分权配置的具体构想

程序性涉物处分权的运行主要关涉决定权、执行权两项权能。决定权是执行权的前提和基础，其归属问题是程序性涉物处分权配置问题的核心。因此，下文主要围绕程序性涉物处分决定权为核心进行构建。同时，由于对物查控强制性行为或因证据保全或因财产保全，在各个刑事诉讼阶段均有产生的可能性，故而，在研究方法上，笔者偏向于立足整个刑事诉讼阶段，结合权力主体的特点、诉讼目的和诉讼行为的价值倾向等因素进行综合性考量，以完善权力合理分配，优化司法资源，实现权力制衡。

---

[1] 参见宋英辉等：《刑事诉讼原理》，北京大学出版社 2014 年版，第 24 页。

（一）程序性涉物处分配置模式的理论争议

根据《刑事诉讼法》及相关规范性文件，我国程序性涉物处分决定权的归属问题，采用的是不同办案主体于不同诉讼阶段的自行决定之模式，具言之，在侦查阶段，由侦查机关自行决定对涉案财物是否采取以及如何采取刑事扣押、查封等程序性处分；在审查起诉阶段，检察机关负责对物强制的审批和实施；在审判阶段，人民法院有权对存疑证据等采取相应的程序性处分。这种"各自为主""分管一段"的做法恰好映射了我国刑事诉讼"流水线"式纵向构造的基本特点。

刑事程序性涉物处分决定权的配置问题关涉刑事诉讼各机关职权的调整和重塑，学界对此早有论及，只不过学者们往往将其纳入刑事强制性措施决定权归属问题予以探讨，如有论者认为，我国应当效仿域外国家的令状主义和司法审查制度，结合我国实务经验，对审前查封、扣押、冻结等强制性措施的处分统一由法官审查并作出裁决。同时，设置司法审查例外情形，允许侦控机关在撤销案件、决定不起诉的情况下，有条件地自行决定处分。[1]另有观点认为，令状主义作为西方"司法至上"理念的集中体现，直接适用将会对我国检察机关主导的法律监督体系产生较大的结构冲突与逻辑障碍，甚至可能导致我国刑事诉讼体制机制的混乱。相比之下，更为适宜的做法是建立一套以检察机关为主导的审查体制。[2]也有比较中和的观点建议，即在一般情况下，侦查活动中需要对有关涉案财物采取搜查、查封等程序性查控的，由侦查人员报请检察机关决定审批；在紧急情况下，赋予侦查人员一定的自行决定权，并于事后及时报有关机关审查；当案件进入审判阶段，是否对涉案财物采取程序性查控，应由法官统一决定。[3]

如前文所述，对于权力属性的正确理解不能局限于固有的单一性认识，而应结合其赖以依存的权力结构、社会传统和历史文化等因素综合性

---

〔1〕　参见乔宇：《刑事涉案财物处置程序》，中国法制出版社 2018 年版，第 141~151 页。

〔2〕　参见田野："论我国对物刑事强制措施的构建"，中国社会科学院研究生院 2013 年硕士学位论文。

〔3〕　参见孔祥伟："刑事涉案财物处置论"，华东政法大学 2021 年博士学位论文。

考量。对于我国程序性涉物处分权配置问题的理解也是如此。笔者认为，侦查机关、检察机关和审判机关在各自的诉讼阶段拥有程序性涉物处分决定权不仅有其正当性基础，而且这种分配模式，一定程度上与我国司法资源、警力及治安现状、各阶段诉讼目的等相互映射。分权制衡理论的关键是通过权力分配以达到权力制衡，也即分权是手段，制衡是目的。由于各国的政治、经济、文化基础等不同，社会秩序各异，建立在此基础上的法律制度、诉讼理念等并不存在放之四海而皆准的范式，因此，不主张为了追求诉讼结构上的理论合理性而无视实践中程序性涉物处分行为对于侦查效率性、及时性等价值的需求。况且在我国，正如多数学者所言，连逮捕之类严厉的羁押型强制措施都要交检察机关批准，而相对较为缓和的查封、扣押、冻结等对物强制性措施却要交由法院审批，实践中恐怕难以行得通。我国现阶段程序性处分权运行过程中所存在的问题主要是基于立法的不完善和现实实践多种原因共同合力的结果，并非仅通过将程序性涉物处分权交由法院单独决定就能够解决的。毕竟"对公正的最主要威胁是那种结构性地将人们置于某种倾向性观点之下的职能，起诉就是其中之一……因此，起诉和审判是两种永远不应合并的职能"[1]，而"在调查观念之下，侦查职能和审判职能之间并不必然存在冲突"。[2]基于此，笔者认为，为保障刑事诉讼活动的顺利进行，实现各阶段诉讼目的和任务，我国程序性涉物处分权的配置应立足于本国国情，以现有的平行式决定权配置模式为基础，综合考量具体程序性处分行为的法益侵害可能性的严重程度，并以此为基准对侦查机关、检察机关和人民法院所享有的决定权内容进行重新分配。

（二）侦查机关程序性涉物处分决定权配置

"从世界立法发展来看，在侦查阶段，一般由警察直接从事刑事侦查活动、收集固定犯罪案卷材料等工作"[3]。警察职责的定位决定了其应当

---

[1] 宋英辉等：《刑事诉讼原理》，北京大学出版社 2014 年版，第 28 页。

[2] 张伟东、朱成哲：《中国刑事法律专题研究》，黑龙江人民出版社 2007 年版，第 445 页。

[3] 陈卫东：《中国刑事诉讼权能的变革与发展》，中国人民大学出版社 2018 年版，第 301 页。

被赋予的权力，根据我国《刑事诉讼法》《中华人民共和国人民警察法》等规定，公安机关承担着多项职责和权限，如对违反治安管理或者其他公安行政管理法律、法规的个人或组织实施行政强制措施、行政处罚；对正在预备犯罪、实施犯罪或者在犯罪后即时被发觉的犯罪分子实施刑事拘留等。一般认为，前者属于行政范畴，后者作为刑事侦查行为，其属性问题在我国学界仍存争议。我国公安机关在刑事诉讼中的职能定位，决定了其在侦查活动中具有程序性涉物处分决定权的正当性。原因在于：第一，司法资源和治安现状。有论者在概括我国当前的警力现状时指出，与其他国家的人均警力相比，我国的警察数量位于世界最低之列。[1]同时，从社会治安状况上看，近年来，涉众型经济类案件、网络犯罪型经济案件等日益复杂。在此背景下，在紧急状况下赋予侦查机关一定的程序性涉物处分权能缓解司法资源有限性和刑事犯罪日益复杂间的矛盾。第二，刑事诉讼效率价值。侦查活动位于刑事诉讼活动的前置性阶段，处于惩罚犯罪与保障人权的第一线，在一定程度上讲，侦查阶段也是犯罪嫌疑人试图逃避法律制裁，采取各种手段逃脱刑事查控，转移涉案财产的高发阶段，因此，赋予侦查机关程序性涉物处分决定权对于及时收集犯罪证据，查控犯罪嫌疑人进而实现犯罪追诉具有非常重要的意义。

　　权力关系在本质上体现为一种动态性强制，具有扩张性。德国法学家萨维尼曾指出："警察官署的行动自始蕴藏侵害民权的危险，而经验告诉我们，警察人员经常不利关系人，犯下此类侵害民权的错误。"[2]因此，侦查机关程序性涉物处分决定权的运行必须设置权力边界，而这种权力边界，意味着侦查机关只能保留有限的决定权。结合查封、扣押、冻结等具体程序性涉物处分的特点以及侦查活动的诉讼目的和价值需求，笔者认为，侦查机关程序性涉物处分决定权应重新配置，具体如下。

　　第一，明确紧急搜查和附带搜查决定权。比较法的研究表明，现代法

---

〔1〕　参见宋远升：《刑事强制处分权的分配与制衡》，法律出版社 2010 年版，第 216 页。

〔2〕　参见龙宗智："评'检警一体化'兼论我国的检警关系"，载《法学研究》2000 年第 2 期。

治国家基于惩罚犯罪、效率价值等因素的考量，一般均承认警察在刑事侦查活动中的紧急搜查决定权。刑事侦查位于刑事诉讼活动的前置阶段，警察对相关涉案财物及时、高效地采取临时性查控，对维护社会秩序，保障诉讼活动顺利进行具有重要作用。提请、审查与颁发令状往往需要一定的过程，为防止因侦查手续上的耗时而延误证据收集、追诉犯罪的最佳时机，采用司法审查制的国家或地区，在立法上基本均规定了侦控机关在紧急情况下的强制措施令状例外制度。[1]如根据德国《基本法》第 19 条第 4 款，原则上，所有涉及限制公民自由、财产、隐私权的强制性措施均由法院进行司法审查。侦控机关取得法官逮捕令的一般条件是事先向法官提出申请并对实施拘捕的必要性进行证明，但在情况紧急时，司法警察或检察官也可以直接进行逮捕。[2]英国《1984 年警察与刑事证据法》第 9（2）条也规定，在紧急情况下，警察有权批准搜查住所以发现证据。[3]在我国，根据《刑事诉讼法》第 138 条第 2 款，无证搜查应当同时具备两个条件，即 "执行逮捕、拘留之时" 和 "遇有紧急情况"。由于立法对紧急搜查在程序上未作任何规定，实践中难免出现搜查决定权过于集中且失控的情况。为此，应对侦查机关紧急搜查决定权进行程序控制，包括但不限于：权力主体为现场指挥侦查人员；在对他人人身、物品、住处及其他相关场所进行搜查后，须在法定时间内将有关情况制作书面报告，连同紧急搜查决定书副本及搜查笔录等材料自动呈报给检察机关，由检察机关进行合法性审查。

第二，赋予查询、冻结、查封及扣押机动决定权。刑事查询、冻结、查封及扣押程序性强制处分行为虽然在处分标的的性质上各有不同，实践中一旦行为不法，对公民合法权利的侵犯程度和权利性质各有差异，但相较于终局性涉物处分而言，其在行为之法律效果上具有一致性，即仅涉及对利害关系人财产权临时性控制，而不产生所有权剥夺的法律后果。为

---

〔1〕 参见孔祥伟："刑事涉案财物处置论"，华东政法大学 2021 年博士学位论文。

〔2〕 参见陈瑞华：《比较刑事诉讼法》，北京大学出版社 2021 年版，第 91 页。

〔3〕 参见孔祥伟："刑事涉案财物处置论"，华东政法大学 2021 年博士学位论文。

此，基于侦查工作本身及时、高效的特点及对诉讼效率的需求，防止手续上的迟延而导致实践中被害人财产权受损，特别是在近年来频频发生的套路贷、网络电信诈骗等案件中，不乏出现因侦查人员没有及时出具"协助冻结存款通知书"，银行以此为由拒绝配合而导致被害人存款在办手续期间被取走的情形。[1]笔者认为，对于侦查机关的查询、冻结、查封及扣押的决定权不宜由司法机关统一行使，侦查机关具有一定程度的程序性涉物处分的决定权有其合理性根据。但针对实践中权力启动和审批方面的问题，应当通过立法予以规制。具体包括：一是调整立法模式，逐步提高立法层级，明确决定权主体。二是完善程序启动的实质要件，明确机动查询、冻结、查封及扣押的范围及理由。三是统一法律文书，范化执行程序，如统一决定文书格式，决定书上明确程序性涉物处分的记载事项，严格限制查封、扣押及冻结的时间等。

（三）检察机关程序性涉物处分决定权配置

关于检察机关的职权划分和性质界定，一直是我国学术界研究和讨论的热点，争议观点众多。如"法律监督一元论"认为检察机关的职权在于且唯一在于法律监督，其他职能均是法律监督职能的延伸，对于检察权，既不是完整意义上的行政权，也不是通常意义上的司法权，而是应被强化与保障的法律监督权。[2]"诉讼职权一元论"认为检察职权仅包含诉讼职权。"二元论"则认为检察职权既包括诉讼监督也包括法律监督。无论学界对检察机关地位及属性的争议为何，通说的观点是刑事诉讼中检察机关的职权既包括诉讼职权，也包括诉讼监督。[3]具体到刑事涉物处分领域，检察机关在审查起诉阶段的程序性涉物处分决定权有两类：诉讼职权中的决定权和诉讼监督中的决定权。在应然层面的构建上，前者包括一般刑事案件中的搜查决定权和自侦案件中对搜查、查封、扣押等行为的自主决定

---

〔1〕　参见孙长祥："限制财产权侦查措施研究——以查询、冻结为视角"，西南政法大学2012年硕士学位论文。

〔2〕　参见樊崇义主编：《检察制度原理》，中国人民公安大学出版社2020年版，第129页。

〔3〕　参见陈卫东：《中国刑事诉讼权能的变革与发展》，中国人民大学出版社2018年版，第178页。

权，后者主要指针对侦查过程中所采取的查封、扣押等程序性处分情形进行审查之后，结合案件具体情况作出的决定或解除相关涉案财物查控状态的权力。

第一，统一搜查决定权。结合搜查行为的特点和我国司法实践现状，由检察机关统一刑事搜查决定权对改革和完善我国搜查制度以及贯彻人权保障理念具有重要意义。刑事搜查不仅涉及财产权的查控，而且在执行过程中往往关涉对隐私权和人身权的临时性控制，一旦行为不法所造成的法益侵害程度较其他查询、扣押等更强，也更难进行恢复性的救济。诚然，刑事搜查在实务中的问题是由我国相对粗疏的立法条文、办案工作人员的执法观念较落后、缺乏有力的事后监督等综合作用的结果，但部门内部自我授权式的审执模式不能说没有为问题的产生提供温床。由此，改革搜查决定权的令状签发主体既重要又必要。我国检察机关作为国家专门法律监督机关，在审查起诉阶段具有更强的客观公正义务，同时，随着国家监察委员会的确立，学界长期诟病检察机关"既判又裁"的呼声逐渐式微，使得检察官在追诉犯罪过程中既有能力对搜查行为作出正确判断，又能保持一定的客观性，由此，一般情况下的搜查决定权赋予检察机关统一行使更为妥善和适宜。

第二，自侦案件中自主决定权。检察机关在自侦案件中对刑事涉物处分所具有的决定权应作广义理解，既包括《刑事诉讼法》第 19 条所规定的检察院在诉讼监督活动中发现的有关司法工作人员利用职权实施的非法拘禁、刑讯逼供、非法搜查等侵犯公民权利、损害司法公正的犯罪，也包括退回补充侦查后检察院自行侦查的情形。检察机关在侦查活动中具有程序性涉物处分决定权同公诉案件侦查活动中侦查机关具有相同的正当性基础，同时，由于我国检察机关在诉讼中的主要职能在于审查起诉、提起公诉和支持公诉，其在司法实务中的证据观念、法律适用能力和规范意识更强，且刑事诉讼活动是一个并不短暂的过程，在此过程中的任何时间均可能发生恶意转移涉案财物的情形，由此，赋予检察机关在自侦案件或阶段中程序性涉物处分权对收集、固定证据，保障诉讼活动顺利进行具有重要性和必要性。

第三，审查起诉阶段对相关涉案财物实施或解除程序性强制措施的权力。检察机关在审查起诉阶段对未被采取查封、扣押、冻结等程序性处分的涉案财物决定采取有关措施，以及对侦查机关已经采取措施的相关涉案财物作出解除查封、扣押等的决定权，是审查起诉阶段的诉讼目的、诉讼认识的阶段性特征以及检察机关之法律监督权的必然要求。我国《刑事诉讼法》赋予了检察机关在决定不起诉的案件中，有权解除侦查活动中所采取的查封、扣押、冻结措施。[1]同时，当事人、辩护人、诉讼代理人和利害关系人针对司法机关及其工作人员实施《刑事诉讼法》第117条的情形之一的，有权向该机关申诉或控告，对处理决定不服的，可以向同级人民检察院申诉。但是实务中，由于涉案财物范围的事实认定复杂、立法对权利人申诉、控告的程序性规定粗疏以及以行政化审查模式等因素的影响，检察机关对侦查活动中的查封、扣押、冻结行为的审查效果并不尽如人意。建议立法或司法解释在审查起诉阶段检察机关于决定或解除相关涉案财物的程序性决定权的配置上，完善财产权受损人的异议权，细化申诉、控告的程序性规定；在审查的方式和证明标准上，适当引入听证式审查和阶梯式证明标准，明确证明责任。

（四）审判机关程序性涉物处分决定权配置

如前文所述，域外两大法系各主要国家根据各自所确立的司法审查制度，刑事诉讼对物强制处分程序中的决定权一般都交由法院来行使。这种权力制衡的本质不在于权力的真正分离，而在于保证国家权力的和谐、有效运行。[2]我国基于层级化的国家权力结构、职权主义为主的刑事诉讼构造以及公诉与法律监督职能一体化的检察制度，刑事对物强制处分程序中，除紧急情况外，几乎所有事关当事人权利的裁决均适用令状主义与司法审查原则的权力分配模式，在我国目前的司法改革中很难通过一两次法律修改得以确立和实现，即便得以实现，在预审法官、司法至上等配套制

---

〔1〕　参见《刑事诉讼法》第177条。

〔2〕　参见樊崇义主编：《检察制度原理》，中国人民公安大学出版社2020年版，第127页。

度和理念缺失的司法环境下，程序性涉物处分决定权完全由法院主导在实践中能发挥多大的预期效果仍存疑问。结合我国检察机关的国家法律监督机关之宪法定位以及"捕诉合一"制度下检警关系的改革方向，审前阶段由检察机关主导程序性涉物处分决定权具有现实的可行性，同时，在以审判为中心的改革背景下，合议庭在庭外对存疑证据通过查封、扣押、查询等手段进行调查核实，是对庭审调查的有益弥补，有利于庭审实质化。但为确保法官的超脱和公正，保障程序涉物处分的正当性，这种庭外调查"不能代替庭审调查，法官也不能承担举证不能责任。对于法官自行调查获得的证据，应当根据证据是有利于控方还是辩方，分别交给控方或辩方在庭上出示"[1]。有学者在论及法官刑事强制处分权的法理基础时，认为在现代法治国家，法官有权决定逮捕、羁押等牵涉公民人身自由的强制处分已成共识，同时无论是基于人身自由保障的考量，还是法官保留原则的要求，刑事强制处分权由法官主导的立法例在我国也不应成为例外，但是综合法官中立地位、检察官举证责任以及诉讼资源合理配置等因素的考量，将以获取证据为目的的刑事强制处分决定权赋予检察官，以控制被处分人人身为目的的刑事强制处分决定权赋予法官更符合我国司法传统和现实需求。[2]笔者基本赞同此观点（所持不同观点前文已论），同时认为，法官在审判阶段的程序性涉物处分方面也应具有相应的决定权，这种决定权并非仅仅包含了对审前阶段对物强制处分行为的司法审查，也是对法官庭外调查取证等权力的延伸。原因在于，根据我国《刑事诉讼法》，法院在审判阶段启动程序性涉物处分权的情形主要有两种，一是证据保全，二是财产保全。从规范内容的表述上看，审判阶段法官的程序性涉物处分决定权的设置应当主要注意两项问题：一是明确决定权的启动条件。"对证据有疑问""必要的时候"作为决定权的启动条件过于原则和笼统，无法对错综复杂的司法实践作出明确的指导，为此，建议立法或司法解释进一

---

〔1〕 李奋飞："刑事诉讼中的法官庭外调查权研究"，载《国家检察官学院学报》2004 年第1 期。

〔2〕 参见宋远升：《刑事强制处分权的分配与制衡》，法律出版社 2010 年版，第 230 页。

步明确法院对程序性涉物处分决定权启动的条件，防止司法裁量权的恣意而损害当事人的合法权益。二是细化决定权的运行程序。《刑事诉讼法》仅对法院具有程序性涉物处分决定权作出原则性规定，并未细化决定权的运行程序。基于"疏而不漏"的立法传统，建议在司法解释或其他相关规范性文件中明确合议庭以证据保全或财产保全的目的而决定采取查封、扣押、冻结等程序性涉物处分措施的，应统一签发相关令状，规范令状格式，细化令状内容，如明确填写所授权的查封、扣押的涉案物品、场所的范围，严禁签发空白令状。同时，对于授权范围及执行的相关情形应在判决文书中明确列明，以提高刑事裁判的可接受性和程序的透明、公开性。

四、程序性涉物处分权制衡的具体构想

权力制衡作为防止权力滥用的一种有效机制和手段，在国家权力运行的各个领域均发挥着重要作用。在刑事涉案财物领域，程序性涉物处分权制衡机制的构建既关乎公民财产权的合法保障，也影响着程序公正理念的贯彻和落实。笔者认为，为防止程序性涉物处分权的恣意，应从权力制衡和权利制衡两方面入手，建立内外衔接的常态化制约机制，加强诉讼参与，拓宽救济渠道，实现权力运行的公正与平衡。

（一）权力制衡：建立内外衔接的常态化制约机制

一般地，权力与权力间的制约与平衡从广义上来理解，包括两个方面的内容：一是权力的纵向制约，即上位权力与下位权力之间的制约；二是权力的横向制约，即平等权力之间的制衡。[1]在刑事对物强制处分领域，程序性涉物处分权制衡同样包括横向和纵向两方面制衡体系，前者主要指涉部门内部上级对下级采取程序性涉物处分措施的审批和监督，后者主要指涉公检法三机关对各自所具有程序性涉物处分权的制约与平衡。结合我国当前以职权主义为主导的刑事诉讼构造以及具有中国特色的检察制度，对程序性涉物处分权进行有效权力制衡较为可行的方式，可以考虑建立内外衔接的常态化监督机制。

---

〔1〕　参见樊崇义主编：《检察制度原理》，中国人民公安大学出版社2020年版，第139页。

1. 构建部门内部制约机制

如前文所述，我国在现阶段确立令状主义和司法授权及司法审查制度，并在此基础上构建程序性涉物处分权"一元式"决定主体的权力配置模式，无论是在制度间的调和上，还是司法实务的有效运行上，均面临极大的困难。而审前阶段以检察机关为主导，审判阶段以法院为主导，同时赋予侦查机关紧急情况下的搜查、查封、扣押等程序性涉物处分决定权的多元式权力配置模式更符合我国当前的司法环境。但也应当承认，这种以科层制为基础，强调权力自律、偏重内部规范与自我控制的权力配置模式由于对权力约束较为柔和和保守，刚性不足，容易导致司法实务中越权恣意现象。为此，笔者认为，可以在立法上通过严格审批过程与规范执行制度两个层面对程序性涉物处分的决定与执行进行规范化构建，缓和部门内部自我决策、自我监督下权力制约虚化的弊端。

一方面，严格审批程序。一是明确决定主体。我国《刑事诉讼法》并未对程序性涉物处分审批主体作出明确规定，《公安机关办理刑事案件程序规定》《高检规则》等规范性文件中依据涉案财物的性质、案件类型的不同，对审批主体规定得较为繁杂，无法有效指导司法实践。为防止由于审批主体的复杂而导致违法处分行为责任承担上出现各主体相互扯皮、互相推脱的现象，笔者认为，应当根据不同种类的程序性涉物处分措施，对公民基本权利的干预程度的不同，而确立不同的审批主体。譬如，除侦查活动中因情况紧急而采取的搜查、扣押等程序性涉物处分应由现场指挥人员决定外，查询措施由于并不涉及公民对涉案财物的占有、使用、收益等财产性权利的实质性查控，故而审前侦查阶段由办案部门负责人批准，审查起诉阶段由检察长批准，审判阶段由审判长决定即可，在重大、疑难复杂案件中，可以考虑提请审委会、检委会共同讨论决定。查封、扣押、冻结措施由于涉及对公民生活、生产影响较大的涉案财物的长时间控制，建议审前侦查阶段的机动决定权由县级以上公安机关负责人批准，审查起诉阶段由检察长审批，审判阶段由合议庭合议后由审判长决定。搜查措施由于不仅涉及公民财产权的干预，同时对人身权也会造成一定的限制，干预程度最高，建议在检察机关和人民法院设置独立的审批部门进行事前授权和事后审查。二是改革审批方式。为避免程序性涉物处分决定程序行政化弊端，在一定程度上引进听证式的审查方式具有相当的可行性。具体构建可以依照不同程序性涉物处分种类所涉及的权利干涉程度和具体案情的复杂程度，进行区分处理。譬如，一般案件中，刑事查询可以通过书面审查方式进行决定，查封、扣押、冻结可以采用电话问询、调查核实等方式审查，对于复杂案件中的搜查决定，可以在听取侦控双方意见的基础上，进行审查处理。同时，申请令状的，立法应当明确与诉讼阶段相适应的审查标准和结果责任，如可设置阶梯化的审查标准，"有可成立的理由""优势证明"等，提供证据未达到审查标准的，承担令状申请不能的结果责任。三是细化令状内容与格式。授权程序性涉物处分措施应签发格式统一、内容详实的程序性处分令状，搜查证应载明所要搜查的对象和应扣押之物，同时根据搜查的目的，可以分为羁押性搜查和取证性搜查，前者载明搜查的人身对象及拘留、逮捕的条件，后者载明搜查的场所范围及查封、扣押的条件。查封、扣押、冻结、查询依前例签发相应的令状。明确令状未授权事项不得进行强制，并于执行之时得提前告知。侦查人员在紧急情况下依职权采取搜查、扣押等程序性处分的，事后应及时接受审查并补办相关手续。

另一方面，规范执行制度。一是严格笔录制度。我国追诉机关的案卷笔录对法院的裁判结论具有举足轻重的影响，《刑事诉讼法》第 140 条、第 142 条及第 245 条对搜查、查封、扣押、冻结笔录进行了相关规定，由于法律条文较为粗疏，且对于查询、冻结两类涉物处分并未涉及，容易使得司法实务中相关执行笔录的制作出现草率、随意的现象，无法承担起监督、制约公权力运行的立法预期功能。为此，应严格笔录制度。笔录中应包括并不限于以下内容：查封、扣押等具体涉案财物的范围及状态；执行过程中封锁现场的情形（在场人员的进出状况及侦查人员数量等）；紧急状况下进行附带性搜查时搜查、扣押的对象及物品；新发现的本案或另案中应当进行程序性查扣而令状中未授权的涉案财物；办案人员的签章等。

二是完善见证人制度。设立见证人制度的功能在于通过中立的第三方主体参与执行，保障公权力运行的透明性和公正性。由于立法对程序性涉物处分程序中见证制度的立法规范不够具体，如未就见证人资格、年龄、应承担的义务等作出明确规定，可操作性不强，导致司法实务中对见证人的重视程度不够，见证监督效果大打折扣。完善见证人制度主要从明确见证人资格和规范见证人权利和义务两方面着手。即在立法中明确见证人的正面条件和禁止性条件，例如，正面条件为年满 14 周岁，遵纪守法、公道正派等；禁止性条件为与案件有牵连，属于公安司法机关在职人员等。同时，规定见证人的权利和义务，包括并不限于有权被办案人员提前告知相应的权利，有权对违法行为提出意见，有对执行过程进行监督的义务等。三是明确同步录音录像制度。根据 2016 年 6 月公安部印发的《公安机关现场执法视音频记录工作规定》，公安机关办理刑事案件进行现场勘验、检查、搜查、扣押、辨认、扣留均应全程视音频记录。[1] 意味着同步录音录像不仅适用于侦查讯问活动，而且对程序性涉物处分活动同样适用。由于我国《刑事诉讼法》并未明确规定对物强制程序中同步录音录像制度，《公安机关现场执法视音频记录工作规定》似乎仅对公安机关具有较强约束力，检察机关、法院在执行过程中对录音录像制度贯彻的并不理想。基于搜查、扣押等程序性处分对公民财产权的干涉效力以及多元式处分权配置下权力制约不足的现状，审查起诉阶段以及审判阶段程序性涉物处分中规定同步录音录像制度作为一种内控措施，承载着重要的权力制约功能。相较于侦查笔录和见证制度而言，同步录音录像内容的客观性、完整性和难以篡改等特点，更能弥补令状主义缺失下程序公正方面所存的缺憾。为此，未来立法中明确规定程序性涉物处分执行过程中贯彻同步录音录像制度，对权力的制约与平衡具有重要意义。

2. 完善事后审查制度

对程序性涉物处分权的事后审查主要包括两类，即审查起诉阶段检察

---

〔1〕 参见白冰："搜查、扣押同步录音录像制度的功能及其实现"，载《法学家》2021 年第 4 期。

机关对侦查活动中进行程序性涉物处分决定及执行的审查，以及法院审判阶段在庭前会议以及庭审过程中对侦控机关所采取的程序性涉物处分决定及执行的审查。

　　一方面，完善审前程序中检察机关事后审查制度。由于诉讼构造和司法理念等问题的掣肘，我国在引入令状主义和司法事前审查的道路上可能不会走得太远，保留检察官一定的职权作用，完善检察机关事后审查制度，在我国现有的历史条件下仍是现实之选。我国现行《刑事诉讼法》中关于强制措施体系中检察机关对逮捕的事后审查模式基本上是符合国情的。在刑事程序性涉物处分权制衡的设计上，为进一步推进制度的合理性与正当性，防止权力恣意，完全可以以此基本框架为起点，构建并完善审前阶段检察机关事后审查机制。首先，在刑事程序中赋予检察机关针对刑事查封、扣押、冻结、查询、搜查程序性处分行为的事后审查职权。其次，细化审查程序，规范审查方式。对办案人员所采取的程序涉物处分行为的合法性和适当性审查，应以一定的案件事实和证据材料为基础，并根据具体案情，以书面审查、听取意见及听证式审查相结合的方式进行审查判断。再其次，建立主动审查和被动审查相结合的双向审查模式。前者指检察机关在审查起诉阶段主动针对存疑证据及强制性行为进行事后审查，后者指侦查机关主动发动或当事人、利害关系人主动申请检察机关对刑事查封、扣押、冻结等程序性处分行为合法性进行审查。最后，更新司法观念，建立一支素质精良的检察人员队伍。程序性涉物处分事后审查机制的有效实施，不仅依赖立法上对于检察机关相关职权的赋予和规范，也对检察人员的道德素质、专业修养、诉讼实践等各方面提出了极高的要求，因此，应严格检察官的选拔和任用，建立规范的检察官任职资格制度，保障事后审查机制得到准确执行。

　　另一方面，完善审判阶段法院事后审查制度。一是明确将程序性涉物处分争议情形列为庭前会议启动条件，区分案件情形设置公示期，赋予当事人及利害关系人庭前会议申请权。从功利角度上讲，法院的庭前会议对审前违法侦控行为具有司法审查功能，通过对审前不当行为进行过滤，防止非法证据等进入庭审程序，从而保障司法公正的最终实现。根据我国《刑事诉讼法》第 187 条，2021 年《高法解释》第 226 条、第 228 条，我国庭前会议中的司法审查事项范围虽有包括审前程序性涉物处分决定及执行争议情形，但过于粗疏和原则化。为强化审判权对审前程序涉物处分权的制衡，建议完善庭前会议制度，明确规定对审前侦控机关采取查封、扣押等程序性涉物处分的合法性存疑的，法院依职权可以启动庭前会议的具体情形。同时借鉴刑事诉讼法中犯罪嫌疑人、被告人逃匿、死亡案件违法所得没收程序的规定，对于情况复杂、涉物价值重大的案件，区分案情设置相应的公告期，并赋予当事人及其近亲属、辩护人、诉讼代理人以及其他利害关系人向法院提出召开庭前会议的申请权，法院根据案件具体情形决定召开庭前会议的，应当告知当事人和其他利害关系人。在庭前会议中，检察院可以通过出示有关证据材料等方式，对程序性涉物处分合法性加以说明，必要时，可以通知调查人员、侦查人员或其他人员参加庭前会议，说明情况。二是在审判程序中引入刑事对物之诉机制。根据我国《刑事诉讼法》，刑事审前阶段办案机关无论是采取搜查、查询、查封等程序性涉物处分，还是对不宜保存、不宜随案移送等其他涉案财物所采取的拍卖、变现等实体性先行处分，法庭并不对此设置专门的审理程序，而是就案件事实争议问题一并进行附带性审查。"于是，在没有对涉案财物的范围进行法庭调查、没有对追缴或退赔问题进行法庭辩论的情况下，法院就直接对涉案财物作出了权威性的处置"[1]。为此，建议在审判程序中建立一套针对涉案财物处分的专门庭审程序，并赋予利害关系人参与庭审、提出意见等权利。控辩双方以及利害关系人就庭前会议中对程序性涉物处分合法性未达成一致意见，人民法院对程序性涉物处分合法性存有疑问的，应当在庭审中进行调查。法庭驳回程序性涉物处分异议申请，当事人、辩护人或案外人没有提供新的线索或证据材料，以相同的理由再次提出申请的，法庭有权驳回申请，不再进行审查。

---

　〔1〕 陈瑞华："刑事对物之诉的初步研究"，载《中国法学》2019 年第 1 期。

（二）权利制衡：加强诉讼参与，拓宽救济渠道

"一个发达的法律制度经常会试图阻止压制性权力结构的出现，而它所依赖的一个重要手段便是通过在个人和群体中广泛分配权利以达到权力的分散和平衡"[1]。刑事涉物处分领域中，以程序性涉物处分权为中心构建完善的权利制衡机制的功能和作用也是如此。所谓权利制衡，即以权利制约权力，指公民、社会组织或法人通过行使合法的权利对抗国家机关公共权力，从而达到权力的制约和平衡。当前，我国立法关于刑事程序性涉物处分中的权利制衡机制并不完善，主要表现为当事人及利害关系人权利保障不足，权利救济渠道粗疏且单一，不能有效地指导司法实践。同时，司法实务由于"重实体、轻程序""重打击、轻保障"等司法传统和理念仍未完全消除，对当事人程序性权利的保障和重视并未上升到应有的程度，容易恶化当事人诉讼主体地位。为此，在程序性涉物处分领域中构建完善的权利制衡机制具有十分重要的意义。主要途径有两个：一是保障当事人及利害关系人充分的诉讼参与；二是完善程序性涉物处分违法行为的救济渠道。

1. 保障当事人及利害关系人充分的诉讼参与

保障当事人及利害关系人充分的诉讼参与，是程序正义理念在刑事涉物处分程序中的具体体现和延伸，对于维护程序正当，防止权力的不当扩张和滥用发挥着重要的制衡功能。在具体构建上，首先，规范告知程序。告知程序包括提前告知和定期公告两种，前者要求办案机关在采取程序性涉物处分之前，应告知涉案财物占有人刑事查封、扣押等相关法律规范及后果；后者指办案机关定期针对涉案财物的查控情况，向社会公告，并允许相关人员，尤其是对涉案财物主张权利的利害关系人进行查询，并主张权利。其次，完善被执行人及其辩护人、诉讼代理人在场制度。刑事涉案财物被执行人在场不仅有利于保障自身财产权利，提高诉讼程序的公正性和透明性，同时通过提供相关案件信息，避免无关财物被不当查封、扣

---

[1]　徐宏义："权力制衡与权利保障视野下的刑事强制处分——比较法视角的分析"，厦门大学 2007 年硕士学位论文。

押，从而为侦查行为的及时有效提供助力。赋予辩护人、诉讼代理人执行在场权，可以使其充分了解案情，有效防止当事人诉讼主体地位的不当弱化，维护合法权益。最后，赋予利害关系人程序参与权。根据我国 2021 年《高法解释》第 617 条、第 279 条规定，当前刑事涉物案件中利害关系人有权申请参加诉讼的情形主要有两种，一是在刑事违法所得没收程序中，利害关系人有权在公告期内，自行提出或者委托诉讼代理人代为参加诉讼；二是在控辩双方到席案件中，案外人有权向人民法院提出对刑事查封、扣押、冻结的涉案财物及其孳息的权属异议，人民法院应当听取相关意见，并可以在"必要时"，依职权通知案外人出席法庭。立法赋予案外人刑事涉案财物处分异议权，对于公民诉权保障以及刑事案件的司法公正具有重要意义，但从司法实践的需求上看，利害关系人程序参与的具体程序设计仍应进一步细化。具言之，关于利害关系人的诉讼主体地位，了解案情的渠道、方式，何为"必要时"，以及参与庭审后举证、质证及辩论等具体程序应作进一步细化规定，以便利害关系人有充足的机会提供证据，表达诉讼主张，保障诉讼程序参与权。

2. 推动救济诉讼化，拓宽救济途径

"不论条文位置如何安排，不论理论上界定的称谓有何不同，强制性却是其与刑诉法规定的强制措施共同的要素。在强制的过程中，都会对相对方的权利造成影响，限制甚至剥夺。"[1]与涉及人身性质的强制措施不同，程序性涉物处分中的强制性所涉及的权利保障更为复杂，权利主体与权利样态更为多样，为此，基于有权利就有救济的法理基础，不断丰富权利救济渠道，推动救济程序的诉讼化，对实现程序性涉物处分人权保障，夯实对物强制正当性基础，制衡权力动态运行具有现实意义。就救济途径及程序的构建上，首先，推进申诉制度的诉讼式改造，并有权要求赔偿相应的损失。我国《刑事诉讼法》第 117 条规定的当事人、辩护人、诉讼代理人及利害关系人之行政化的救济方式，对于简化办案流程，提高工作效

---

[1] 邢震："论刑事查封、扣押与冻结中的权利保护"，载《辽宁警专学报》2013 年第 2 期。

率而言具有一定优越性，但是在救济程序的中立性、实效性等方面仍具有较大的改造空间。当前不少学者提出"为疏通救济管道，强化救济效果，应当改造现有的申诉制度，弱化行政色彩，注入诉权、程序性因子"[1]，笔者对此持相同看法，建议在案情复杂、关涉重大财产权益的案件中，引入听证式审查模式，审查主体为程序性处分的决定机关，并根据不同的诉讼阶段设置相应的证明标准，细化证明责任，为日后可能引入的令状主义和司法审查制度奠定基础。其次，完善利害关系人异议制度。从制度设计上看，刑事涉案财物案件中专门针对利害关系人的异议程序较为粗疏，以致难保障案外人参与庭审。为此，建议在未来司法解释中，明确赋予利害关系人之诉讼当事人地位，提出权属异议的时间从审判阶段提前至侦查阶段，规范查封、扣押、冻结等程序性涉物处分决定的复查程序，使其"可以与检察机关、被告人、被害人一起参与涉案财物处置程序，并享有申请调查取证、传唤证人、举证、质证、辩论以及申请检察机关抗诉等诉讼权利"[2]。最后，完善刑事涉物处分国家赔偿制度。根据《中华人民共和国国家赔偿法》第18条，受害人对于违法查封、扣押、冻结、追缴等措施有申请国家赔偿的权利。由于立法仅作原则性规定，实务中缺乏可操作性，且行政色彩较强，导致实践中受害人实际获得赔偿的情况甚为稀少，更多的是基于缺乏违法性审查或审查不严，而将相关违法情形排除于国家赔偿之外。我国刑事程序国家赔偿制度亟待完善，在构建上，建议从审查程序的诉讼化改革入手，确立由中立的机关进行审查，受害人提出赔偿申请的，也应提交该中立的机关而非赔偿义务机关。同时，规范并细化审查程序，赋予被害人相关诉讼权利，如申请回避权、辩论权等，通过诉权保障，实现对刑事程序性涉物处分权的制衡。

---

〔1〕 王良宝："刑事扣押程序规范化研究——以被追诉人财产权保护为中心"，华东政法大学2014年硕士学位论文。

〔2〕 李奋飞："刑事诉讼案外人异议制度的规范阐释与困境反思"，载《华东政法大学学报》2021年第6期。

第五章
实体性涉物处分权配置与制衡

本书第一章已将"实体性涉物处分"界定为：法院在审判阶段通过裁判对涉案财物的最终处置。本章将试图在此基础上探讨实体性涉物处分权的性质，通过分析《刑法》第 64 条，对比相关概念，明确实体性涉物处分权主要表现形式的含义，并以"没收"这一实体性涉物处分权最重要的表现形式为重点，从权力配置与制衡视角，讨论该权力运行的现状、存在的问题以及未来的发展方向。

第一节　刑事诉讼实体性涉物处分权的性质及其表现形式

一、刑事诉讼实体性涉物处分权的性质

笔者认为，刑事诉讼实体性涉物处分权，可以界定为专门机关依据生效裁判，对涉案财物作终局性处置的权力。明确权力的性质及合法性依据，有利于进一步分析权力的配置与制衡。对于该权力的性质，可以从处分决定权和执行权的角度加以理解。需要说明的是，刑事诉讼实体性涉物处分权具有执行权属性，并不否认其本身在广义上具有决定、执行两项权能，而在狭义上，实体性涉物处分权只应包含决定这一核心权能。两项权能应以决定权能为主，执行权能仅有辅助性。这里主要是以执行权类比其执行权能，将执行权作为分析其执行权能的工具。实体性涉物处分权的决定权能，主要表现为生效裁判中的涉财物部分，与审判权有相通之处。此

外决定权能还表现为：对涉案财物作实体性处分过程中可能出现争议的审查处理。简单认为实体性涉物处分权具有审判权的属性，似乎并不能归纳其本质特征，因此笔者拟从处分权的角度对其加以考量。而对于实体性涉物处分权的合法性依据，则可以从结果和来源两个角度理解。以下逐一分析。

（一）刑事诉讼实体性涉物处分权具有处分权属性

涉物处分权，因其包含"处分"，自然让人联想到民事法律中的"处分权"，包括物权法中所有权处分权能和民事诉讼法中的当事人对其民事权利和诉讼权利的处分权。笔者认为可以借鉴相关概念来深化对本章研究对象的理解。

1. 民法意义上的所有权处分权能。王泽鉴教授认为应对"处分"作广义解释，既包括事实上的处分（即有形的变更或毁损物的本体），也包括法律上的处分（又分为租赁、买卖等债权行为和所有权移转、抛弃、担保物权的设定等物权行为两种类型）。[1]崔建远教授认为处分系指"决定物在法律上或事实上的命运"。而对物在法律上的命运所作之决定，即法律上的处分，具体说来就是处分所有物（抑或所有权）以及所有权的部分权能。[2]

2. 民诉法当事人之处分权（原则）。《中华人民共和国民事诉讼法》（以下简称《民事诉讼法》）第13条第2款规定，当事人有权在法律规定的范围内处分自己的民事权利和诉讼权利。这一条款从1982年沿用至今。关于该处分权的含义，田平安教授认为，民事诉讼中的处分权，是指当事人"可以按照自己的意愿支配自己的程序权利和实体权利"，它的核心内容是支配决定权，这种支配决定权的主体是当事人，对象是当事人享有的程序权利和实体权利；[3]江伟教授也认为处分权表现为平等的民事主体自由支配自己的民事权利[4]。

---

〔1〕 参见王泽鉴：《民法概要》，中国政法大学出版社2003年版，第495页。
〔2〕 参见崔建远：《物权法》，中国人民大学出版社2021年版，第194页。
〔3〕 参见田平安主编：《民事诉讼法学》，法律出版社2013年版，第113页。
〔4〕 参见江伟、肖建国主编：《民事诉讼法》，中国人民大学出版社2018年版，第59页。

反观实体性涉物处分权，其显然具有上述决定、支配涉案财物最终去向（"命运"）的属性。笔者认为，在刑事诉讼中，实体性涉物处分权之"处分"（即决定权能）可以在借鉴民事法律相关理论的基础上作如下理解：其核心是"决定"其"事实上的命运"，即通过作出生效裁判文书，"决定"涉案财物"法律上的命运"，再由执行机关使其"法律上的命运"转化为"事实上的命运"，在事实层面实现裁判的意思表示，使涉案财物"各得其所"，也就是通过国家强制力决定、改变了涉案财物的权利归属，实现权利的移转，即权利主体与权利客体在实然与应然层面的统一。[1]

（二）刑事诉讼实体性涉物处分权具有执行权属性

刑事执行权，亦称刑事执行实施权，系指法定国家机关、社会组织依据法律授权，实施人民法院作出的生效刑事裁判（含变更裁判）、决定、禁止令等明确之事项过程中掌握的职责权限。广义上的刑事执行权还包括执行变更权、执行指挥权、执行监督权。[2]本章所讨论的实体性涉物处分权，其依据是确定涉案财物最终归属的生效裁判。显然，刑事裁判生效后，专门机关据此，通过对相关涉案财物采取"追缴""责令退赔"手段，实现"返还"被害人或"没收"的效果，是行使刑事执行权的表现。其目的是使生效裁判确定的事项成为现实。由此可见，刑事诉讼实体性涉物处分权具有刑事执行权的属性。与民事诉讼、行政诉讼的执行权不同，其在程序的启动上具有较强的主动性，即一般无需当事人申请，而由执行机关直接依法行使。国家（公诉机关）作为承担保护法益职责的代表，虽然未被《刑事诉讼法》称为当事人，但其实际上具有当事人的法律地位。而对于同为国家这一抽象主体代表的执行机关，行使执行权只是对刑事追诉这一活动理所应当的延续。进一步看，实体性涉物处分权执行权能究竟属于行政权还是司法权，则受制于执行权的性质，而这一问题在理论上有较大争议。有学者认为，刑事执行权"具有行政权的属性，而不具有司法权的

---

〔1〕 应当注意实体性涉物处分权与民事法律中的处分权的不同之处，前者体现了国家的强制力，而后者体现的是公民的意思自治，二者相通之处只在行使权力（利）的方式。

〔2〕 参见谭世贵、郭林林："我国刑事执行权配置：现状、问题与优化"，载《浙江工商大学学报》2014年第1期。

性质"，其理由是对生效裁判的执行意味着对公民财产、自由乃至生命加以剥夺，与解决争端、作出裁判不相干；[1]也有学者认为，刑事执行权属于国家司法职能的一部分，执行行为是一种司法行为，执行权属于司法权；另外还有"综合说""双重属性说"[2]。尽管存在以上争议，但多数学者都承认执行权相对独立于司法权，且具有行政权的属性。综上，笔者认为，刑事诉讼实体性涉物处分权具有执行权的属性。[3]

二、刑事诉讼实体性涉物处分权的合法性依据

在这里可能需要明确一个前置性的问题：国家没收涉案财物（即处分权）的合法性依据。我们往往注重强调在处分涉案财物的过程中保障犯罪嫌疑人、被害人以及相关利害关系人的财产权利，例如作出"责令退赔"和"返还"之处分的合法性依据主要是被害人对相关涉案财物的财产权，这是相对明显的。然而从另一个角度看，我们也应关注"没收"——这一实体性涉案财物处分权最主要表现形式（另外也包含执行阶段的"追缴"处分）的合法性依据。笔者认为，国家通过刑事追诉，"没收"应予没收的涉案财物，除了其直接依据生效裁判文书内容和《刑法》第64条等刑事立法、司法解释规定，还有一个隐含的逻辑前提：相关涉案财物是国家财产权的客体之一。

关于国家财产权与涉案财物的关系，可以从两个角度解读。第一个角度是从结果上看，国家对罚没财物有所有权（管理权）。我国《刑法》第396条第2款规定了私分罚没财物罪。司法机关、行政执法机关违反国家规定，将应当上缴国家的罚没财物，以单位名义集体私分给个人的，依照前款的规定处罚。罚没财物，是指司法机关、行政执法机关和法律、法规授权的机构依据法律、法规对公民、法人和其他组织实施处罚所得的罚

〔1〕 陈瑞华：《问题与主义之间——刑事诉讼法基本问题研究》，中国人民大学出版社2003年版，第36页。

〔2〕 参见柳忠卫："论刑事执行权的性质"，载《刑法论丛》2007年第2期。

〔3〕 应当注意实体性涉物处分权与民事法律中的处分权的不同之处，前者体现了国家的强制力，而后者体现的是公民的意思自治，二者相通之处只在行使权力（利）的方式。

款、罚金以及追缴、没收的财物。[1]本书所探讨的涉案财物与罚没财物在内容上有一定的交叉，但不包含依据生效裁判确定的，作为罚金刑、没收刑执行对象的财物以及依据行政处罚决定确定的相关财物。而作为刑事诉讼实体性涉案财物处分权客体的涉案财物，则包含于"罚没财物"这一概念。因此可以借鉴关于罚没财物属性的相关论述。关于该罪所侵犯的客体或保护的法益与国家对罚没财物的权利之间的关系，学者们的界定存在一定差别，主要有以下三种观点：第一种观点认为私分罚没财物罪侵犯了国家对罚没财物的所有权；第二种观点认为该罪侵犯的是国家对国有资产的所有权；第三种观点认为该罪侵犯的客体是国家对罚没财物的管理权。[2]尽管存在"罚没财物所有权""国有资产所有权""罚没财物管理权"的差异，但以上观点都承认国家对罚没财物有所有权或至少有管理权（相关文献也使用了"支配权和管理权"之表述[3]）。即随着相关涉案财物经追缴、没收并上缴国库，国家最终在事实上享有了对涉案财物的支配、控制。

第二个也是更根本的角度，则是从源头上看，国家对相关涉案财物享有公法债权。债权本是私法领域术语，但逐渐被运用于公法领域。日本学者美浓部达吉认为债权作为一种观念，可以作"要求特定人作行为、不行为或给付的权利"之理解，这种观念不仅适用于私法领域，而且同样适用于公法领域，是公法、私法所共通的。[4]有学者已对国家对相关涉案财物享有公法债权作了精准论述，现概括如下：犯罪行为具有一定的社会危害性，其本质在于危害了国家和人民的利益，因而也可以说犯罪是侵害国家利益的行为；同时犯罪行为还具有刑事违法性，即违反了作为公法的刑法，国家与行为人因犯罪行为触犯刑律产生了公法上的法律关系。也就是

---

〔1〕 参见高铭暄、马克昌主编：《刑法学》，北京大学出版社、高等教育出版社2022年版，第656页。

〔2〕 参见邱玉梅："论私分罚没财物罪"，载《中国青年政治学院学报》2001年第2期。

〔3〕 参见陈兴良主编：《罪名指南》（下册），中国人民大学出版社2007年版，第731页。

〔4〕 参见［日］美浓部达吉：《公法与私法》，黄冯明译，中国政法大学出版社2002年版，第128~129页。

说，行为人因实施犯罪行为，损害了国家公法利益，并与国家产生了公法关系。国家的角色之一是法益及和平秩序的维护者，其有责任通过追诉并处罚犯罪行为人，恢复因犯罪行为受损的法益。正是因为犯罪对国家利益和社会公共利益的侵害，以及国家行使追诉犯罪的职权，使得国家与行为人之间产生了公法上的法律关系，这种法律关系表现为国家对不属于行为人、被害人、第三人财产的违法所得的债权以及与之相对应的给付义务。因此，对犯罪所得予以没收并上缴国库，具有向国家给付犯罪获得财物的性质，是一种实现国家公法债权的措施。[1]

三、刑事诉讼实体性涉物处分权的表现形式

行使实体性涉物处分权的实体法依据是《刑法》第 64 条之规定。依据本书在前文的界定，实体性涉物处分权适用的诉讼阶段是审判和执行阶段，但不包含将涉案财物没收后（即涉案财物已在事实上归属国家所有或管理之后）的管理、拍卖、变卖、销毁等具体处置措施。虽然本书在前文中已将《刑法》第 64 条的"追缴"、"责令退赔"和"返还"归入"准终局性"刑事涉物处分权，但从整体看，以上四者都具有一定的实体性，且在审判和执行阶段，都是使涉案财物"物归原主"的处分行为，"原主"既包括被害人、其他利害关系人，也包括国家，因此在执行阶段，仍可对该条文规定的四种"犯罪所得之物、所用之物的处理"方式作合并分析。且有必要对以上四种处分权的表现形式作出明确的界分。

（一）涉案财物之"没收"与财产刑之"没收"

以下首先对该条文的没收与《刑法》第 59 条第 1 款作为财产刑的没收予以区分。没收财产是将犯罪分子个人所有财产的一部或者全部强制无偿地收归国有的刑罚方法。[2]没收作为一种财产刑，其对象或客体本身不具有涉案财物所具有的"证据性"，因而与刑事案件无关，因此与本书所讨论的作为实体性涉物处分权的没收有实质的区别。

---

〔1〕　参见乔宇：《刑事涉案财物处置程序》，中国法制出版社 2018 年版，第 32 页。
〔2〕　参见高铭暄、马克昌主编：《刑法学》，北京大学出版社 2022 年版，第 243 页。

（二）《刑法》第 64 条"没收"与"追缴"、"责令退赔"、"返还"之间的关系以及其与违法所得没收程序之"没收"的关系

对于《刑法》第 64 条所规定的"没收"和"追缴"、"责令退赔"、"返还"之间的关系，以及其与刑事诉讼法中违法所得没收程序之"没收"，有必要作进一步界定。

对于没收的性质，传统上有"刑罚说"[1]"保安处分说"[2]"强制措施说"[3]"准不当得利的衡平措施说""独立处分说"[4]等。张明楷教授认为，《刑法》第 64 条"没收"是指通过强制手段，将原本并非国家所有的财物无偿收归国有，并上缴国库。其性质是"对物的保安处分"，没收的对象主要包括"违法所得"、"违禁品"和"供犯罪使用的本人财物"。[5]

然而近年来，已有越来越多的学者对《刑法》第 64 条规定本身作了反思，认为该条文规定的刑事涉案财物处理措施（追缴、责令退赔、返还、没收）的含义还比较模糊，并且各措施之间的关系不够有条理性，也无法同刑诉法的相关措施进行协调。目前该条款存在的问题主要有三个：第一，"没收"和"追缴"之间的界限不明确，且存在混用的情况。例如第 64 条中，"没收"的对象是行为人持有的违禁品和供犯罪所用的本人财物，而"追缴"的对象是行为人的全部违法所得。但在《刑法》关于洗钱罪的规定中[6]，对上游犯罪的违法所得及其产生的收益，适用的措施是"没收"，而不是第 64 条所要求的"追缴"。第二，没有规定追缴到案的违法所得的最终去向。第 64 条只明确了"被害人的合法财产"以及"违禁

---

〔1〕 参见刘德法："论刑法中的没收犯罪物品"，载《郑州大学学报（哲学社会科学版）》2009 年第 2 期。

〔2〕 参见万志鹏："比较法视野中的保安没收——兼论我国刑法中保安没收的缺陷及其改正"，载《海南大学学报（人文社会科学版）》2011 年第 3 期。

〔3〕 参见马克昌主编：《刑罚通论》，武汉大学出版社 2002 年版，第 215 页。

〔4〕 参见谢望原、肖怡："中国刑法中的'没收'及其缺憾与完善"，载《法学论坛》2006 年第 4 期。

〔5〕 参见张明楷：《刑法学》（上），法律出版社 2021 年版，第 824 页。

〔6〕 参见《刑法》第 191 条。

品和供犯罪所用的本人财物"的去向，但"违法所得的一切财物"的其他部分则没有予以明确。第三，未能与《刑事诉讼法》中的相关概念相一致。《刑法》与《刑事诉讼法》均是我国最为重要的刑事立法，二者使用的术语应具有大体相当的含义，以免出现混淆、误解。2012 年修正的《刑事诉讼法》首次规定了违法所得没收程序，确立了因犯罪嫌疑人逃匿、死亡等原因，刑事诉讼活动无法按普通程序正常推进情况下的涉案财物处理制度，其中也包含了对涉案财物的追缴和没收这两种具体处理手段。但是在两法相关条款的规定中，"追缴"和"没收"的适用对象有所不同。如《刑事诉讼法》第 298 条中"追缴"的对象是"违法所得及其他涉案财产"，而 2017 年最高人民法院、最高人民检察院公布的《关于适用犯罪嫌疑人、被告人逃匿、死亡案件违法所得没收程序若干问题的规定》第 4 条、2021 年《高法解释》第 611 条均规定，"追缴"的对象是"违法所得及其他涉案财产"，与《刑法》第 64 条中"违法所得的一切财物"之表述不尽相同。[1]因此对"没收""追缴""责令退赔""返还"的含义及其关系有必要作进一步明确。

　　1. 追缴。如本书第一章所述，"追缴"具有较强的"准终局性"，追缴后，往往面临"没收"或是"返还"的下一步选择。由于我国现行立法没有明确"追缴"与"没收"的界限，导致二者在实践中往往被视为同义词，经常被混用，造成了一定的混淆，因此有必要对其与没收的界限加以明确。从字面意义看，如果对"追缴"采用广义的概念（即包含没收、上缴的含义），则可能排除"没收"的适用空间，从而对现行的法律体系产生较为严重的冲击，因而其更多的是一种不具有终局性的控制性措施，其主要含义是对违法所得进行追查、收缴，[2]待相关违法所得被追缴到案，再看财产的性质，如果是被害人合法财产，则作"返还"处理，如果是其他违法所得，则应予以"没收"。

---

　　[1]　参见张磊："《刑法》第 64 条财物处理措施的反思与完善"，载《现代法学》2016 年第6 期。

　　[2]　参见郎胜主编：《中华人民共和国刑法释义》，法律出版社 2015 年版，第 60 页。

2. 责令退赔。立法机关专家认为，责令退赔是指即使犯罪分子已将违法所得使用、挥霍或毁坏，也要责令其按违法所得财物的价值退赔被害人。[1] 即在违法所得已被罪犯挥霍或毁灭时，可能会出现追缴不能的情况，此时"责令退赔"实际上是"追缴"的兜底措施，或者说是一种替代形式，其适用以追缴不能为前提。1999 年最高人民法院印发的《全国法院维护农村稳定刑事审判工作座谈会纪要》也印证了上述的结论。[2] 对于责令退赔属于实体性处理措施还是程序性处理措施，理论上有一定的争议。有学者认为，赃款赃物已被用掉、毁坏或挥霍即无法退还是适用责令退赔的情形，强调的是对原权利人应进行的填补性赔偿，是针对犯罪行为人违法所得无法追缴时的替代性措施，并且是一种终局性的处分，因此两者的法律内涵并不是并列关系。[3] 也有学者认为，责令退赔的重心是"责令"而不是"退赔"，虽然其目的是实现已挥霍、损毁财物的"退赔"，其本质上是一种口头训诫措施。

但这一用语的重点在于"责令"，即责成与命令，且这种"责成与命令"是司法机关工作人员以口头形式对被告人作出的；责令退赔并不代表着退赔的实现，行为人的经济实力和其主观上退赔的意愿都是影响退赔实现的因素。办案机关是责令退赔的实施主体，在实践中，往往不是直接将财物返还被害人，而是先将财物上交给办案机关，再由人民法院判决将退赔款返还给被害人，才真正实现对于退赔财物的最终处分，因此，"责令退赔"是对涉案财物的程序性处理。[4] 笔者认为，从字面含义看，"责令退赔"的处分措施兼具程序性与实体性，其程序性体现在"责令"，其实体性则体现在"退赔"，但其程序性更主要的体现是其"非终局性"，即其并非只能依据法院生效裁判而完成，而亦可在审前由犯罪嫌疑人配合办案

〔1〕 参见王爱立主编：《中华人民共和国刑法释义》，法律出版社 2021 年版，第 100 页。

〔2〕 参见该司法解释"关于刑事附带民事诉讼问题"部分。

〔3〕 参见曲升霞、袁江华："论我国《刑法》第 64 条的理解与适用——兼议我国《刑法》第 64 条的完善"，载《法律适用》2007 年第 4 期。

〔4〕 参见张磊："《刑法》第 64 条财物处理措施的反思与完善"，载《现代法学》2016 年第 6 期。

机关主动完成，上述第二种观点对"责令退赔"进行了深入细致的解读，但似乎忽略了"责令退赔"在适用阶段上的灵活性，并且即便是"返还""没收"，也不意味着"必然返还"或"必然没收"，即未能执行到位并不意味着不具有"实体性"。

3. 返还。"返还"是指办案机关依法将被害人的合法涉案财物予以返还。[1]除《刑法》第64条规定的裁判生效后的返还，还有裁判生效前的返还。[2]关于返还与追缴、没收的关系，立法机关专家的解读是：首先应判断违法所得的性质，如系被害人的合法财产，就应及时返还被害人；还应根据原物是否存在作出具体的处理，即原物存在的，应当及时返还，原物不存在或者损坏的，应当折价退赔。[3]据此，返还与追缴在程序上有先后顺序，涉案财物追缴到案，才谈得上返还；适用返还或退赔，要看财物是否存在、完好，二者是同一层面的概念；而适用返还或没收，则要看涉案财物的权利归属。

4. 没收。上文提到，《刑法》与《刑事诉讼法》使用的术语应具有大体相当的含义，以免误解或混淆。据此，《刑事诉讼法》中犯罪嫌疑人、被告人逃匿、死亡案件违法所得的没收程序中的"没收"理应与《刑法》第64条的"没收"有一致的含义。笔者认为，二者相一致主要应体现在适用对象方面。一方面，从《刑事诉讼法》第298条第1款的规定中，可以明显看出，追缴是没收的前提，没收无论在事实上还是法律上，都应在追缴之后作出；另一方面，从《刑法》第64条角度看，不能简单依据"违禁品和供犯罪所用的本人财物，应当予以没收"之表述，就认为没收的对象只有违禁品和供犯罪所用的本人财物两个类型，将返还被害人之外的"违法所得"也纳入其对象范围，方能同时符合文义解释和体系解释的

---

〔1〕 参见李玉华主编：《中国刑事涉案财物制度改革发展报告 No.2（2021）》，社会科学文献出版社2021年版，第8页。

〔2〕 参见中共中央办公厅、国务院办公厅《意见》中"六、完善涉案财物审前返还程序"部分；2021年《高法解释》第438条；最高人民法院、最高人民检察院、公安部《关于办理非法集资刑事案件适用法律若干问题的意见》中"五、关于涉案财物的追缴和处置问题"部分。

〔3〕 参见王爱立主编：《中华人民共和国刑法释义》，法律出版社2021年版，第100~101页。

要求，实现条文之间、法律之间的协调一致。但同时我们也应注意到，"违法所得没收程序"这一概念本身包含的"没收"应作更广义理解，因为"违法所得没收"作为一个完整的程序，其内容不仅包含《刑法》第64条"没收"，也包含"返还""追缴"（参见《刑事诉讼法》第300条之表述）。"没收"在"违法所得没收程序"这一术语中，所强调的更多是追诉机关请求法院对相关涉案财物作违法性认定并予以处理的一种诉求，因而成为"没收""追缴""返还"三者的统称，但作为该程序重要内容之一的"没收"，其含义应与《刑法》第64条"没收"相一致，二者并不矛盾。在明确了"没收"与"追缴"、"返还"、"责令退赔"以及"没收违法所得程序之没收"之间的关系后，作为实体性涉物处分的没收，其性质究竟是"保安处分"、"强制措施"还是"准不当得利的衡平措施"似乎已不再那么重要，对其进行理论概括的目的是加强对它的理解，只要在法律适用中没有明显矛盾，我们完全可以在理论上认为没收兼具以上属性。

（三）对权利归属不明查扣财物的处理

实践中，也可能出现涉案财物权利归属不明的情况。对此，立法上已作了规定。早在公安部1998年5月发布的《公安机关办理刑事案件程序规定》第219条就作了比较明确的规定。[1]在此之后《高检规定》和《高法解释》也先后对权利归属不明查扣财物的处理作了类似规定，尽管在公告期等方面还有所不同，但基本包含公告认领、上缴国库两个程序和对财产权利的救济。笔者认为，以上条文所说对权利归属不明涉案财物的"没收"，可以称之为刑事诉讼实体性涉物处分的没收，但其与一般意义上的没收不同，因为被"没收"的财物并不具有违法性，不存在所谓"国家债权"，而该"没收"也并不具有终局性，其目的只是由国家代原物权人（虽然可能已不存在）保管；其不是终局性措施，而是一种对公民财产权的保护措施。事实上，相关立法中对此类财物的规定也与《民法典》遗失

---

[1] 此后修订和修正的《公安机关办理刑事案件程序规定》沿用了该条的公告制度，但将通知的对象由"被害人"改为"原主"，并删除了权利救济的内容。

物、漂流物、埋藏物、隐藏物的相关规定是相似的，国家对此类财物在公告期内只有保管权，原则上无权做拍卖、变卖等处分，而公告期届满后，相关财物或其变价仍可能面临原物权人的请求权，立法上也未规定国家对此类财物可借由时效取得所有权。

（四）刑事没收与行政没收的关系及其衔接

刑事没收，即前文所述《刑法》第 64 条规定之没收，学者通常称之为"特别没收"；行政没收的性质是具体行政行为，其决定和执行机关均为行政机关，而法院的生效裁判是刑事特别没收的唯一依据。事实上，在我国大量存在着同一行为既触犯刑法又违反行政法的情况，这源于由行政处罚和刑事处罚构成的双层制裁体系。例如，国家机关及其工作人员以虚报、冒领等手段骗取财政资金，数额较大的行为，既违反了《刑法》，构成贪污罪，又违反了国务院《财政违法行为处罚处分条例》的相关规定。依据《刑法》《刑事诉讼法》，无疑应当没收行为人骗取的财政资金，但《财政违法行为处罚处分条例》也要求"追回有关财政资金，限期退还违法所得"（参见国务院《财政违法行为处罚处分条例》第 6 条之规定）。这时就出现了类似刑法理论中的"法条竞合"现象，也体现了刑事特别没收权与行政没收权的竞合。明确二者的关系，尤其是明确其在竞合时的处理原则，有利于准确、清晰定位刑事诉讼涉物处分权。

"没收违法所得"是《中华人民共和国行政处罚法》（以下简称《行政处罚法》）规定的行政处罚类型之一，[1]而刑事特别没收却没有与之相对应，被《刑法》归类为财产刑。关于行政执法与刑事司法程序涉及违法所得案件在程序上的衔接，《行政处罚法》第 27 条与《刑事诉讼法》第 110 条关于立案材料的处理的规定、第 177 条关于不起诉案件处理的规定以及《公安机关办理刑事案件程序规定》第 187 条关于撤销案件处理的规定已从"行—刑""刑—行"两个方向予以明确，但在涉案财物处置方面，还没有明确的法律依据，理论界也关注较少。在实践中，由于行政执法偏重效率和秩序价值，公平与正义则是刑事司法所强调的价值，因而二者难

---

[1]　参见《行政处罚法》第 9 条。

免在某些方面采用不同标准，如认定涉案财物、采取程序性或实体性处置措施等，产生一定的冲突。

关于行政执法与刑事司法的关系，最高人民法院通过《中国行政审判指导案例》第1卷第14号案例，明确了行政执法机关将案件移送司法机关后，是否可以在司法机关追究刑事责任的基础上，对行政相对人施以行政处罚这一问题：税务机关在发现行政相对人涉嫌犯罪并将其移送侦查后，不应对同一违法行为再作行为罚和申诫罚以外的行政处罚。[1]理论界对此问题有一定的争议。有学者认为，"对行政犯罪需要同时予以刑罚处罚与行政处罚时，应当优先追究其刑事责任"[2]，笔者称之为"刑事优先说"；有观点认为应区分程序与实体：在程序上，应采"行政优先"原则；在实体上，则应以二者的"并合实现"为目标，也就是先由行政主体先追究行为人的行政责任，其后由司法机关追究其刑事责任。另外，对于行政责任与刑事责任这两种责任形式的竞合，要根据责任的功能区别对待，功能相同的不应重复适用，功能不同的则可以。[3]笔者称之为"区分说"；还有观点认为：行政处罚中的行为罚、申诫罚，因没有与之相对应的刑罚，也就不存在刑事是否优先的问题，此时行政处罚与刑罚是相互独立开展的；而当行为人可能被同时处以与财产、人身自由有关的行政处罚和刑罚时，因行政处罚可能被刑罚所吸收，此时应以刑罚为主，遵循刑事优先原则。大体上，当行政处罚与刑罚出现竞合时，应采有限的刑事优先原则予以处理。[4]笔者称之为"有限的刑事优先原则说"。

笔者认为，以上学说在处理刑事没收与行政没收的关系问题时存在一定的局限性。绝对的"刑事优先说"，以刑罚处罚与行政处罚在"内容上的协调化"和在"体例上的一体化"为前提，而这一前提在当前还远没有

---

[1] 参见中华人民共和国最高人民法院行政审判庭编：《中国行政审判指导案例》（第1卷），中国法制出版社2010年版，第69~74页。

[2] 陈兴良："论行政处罚与刑罚处罚的关系"，载《中国法学》1992年第4期。

[3] 参见田宏杰："行政犯罪的归责程序及其证据转化——兼及行刑衔接的程序设计"，载《北京大学学报（哲学社会科学版）》2014年第2期。

[4] 参见刘艾涛、黄有湘："涉案财物处置的行刑衔接"，载《行政法学研究》2021年第1期。

实现；"区分说"的不足之处在于，有数据表明，司法实践中，行政机关移送公安机关的案件占公安机关办理案件的比重极低，[1]也就是说，办案机关在立案时已出于对案情的判断和对效率价值的考量，确定了案件的主管机关，因而程序上的"行政优先"与实践相距较远；而"有限的刑事优先原则说"认为刑罚往往严于行政处罚，因此刑罚应在内容相同的范围内吸收行政处罚，但是我们已知，刑事没收并不是典型的刑罚，我国《刑法》未将其作为财产刑，理论界也鲜有将其定性为刑罚的观点，而且同时涉及刑事没收与行政没收的案件，两种"没收"的对象往往是完全重叠的，于是便不存在"吸收"一说。

笔者认为，前文的"国家公法债权"理论对于此问题的解决，有较大的借鉴意义。根据该理论，作为实现国家公法债权的刑事没收和行政没收，其主要功能并不是惩罚，而是强制履行犯罪嫌疑人（行政相对人）对国家的给付义务，使国家所受的损害得到"恢复和补救"[2]，这种"恢复与补救"具有民事法律责任的特点，而责任的承担方式类似于民法中的"返还财产"。既然刑事没收与行政没收均是对国家所受损害的同质的"恢复和补救"，那么损害一旦被填平，就没有必要再作没收处分，具体到实务中，如果行政执法机关已对相关涉案财物予以没收，则刑事司法机关无权也无必要再作没收决定，而只能对行政没收在效力上予以确认。反之同理。

第二节　我国刑事诉讼实体性涉物处分权的 配置与制衡现状

一、立法沿革

以下对中华人民共和国成立以来刑事诉讼实体性涉物处分权的立法作

---

〔1〕　参见刘艾涛、黄有湘："涉案财物处置的行刑衔接"，载《行政法学研究》2021年第1期。

〔2〕　关于该表述，参见王利明等：《民法学》法律出版社2014年版，第265页。

一梳理，包括法律、司法解释（含其他规范性法律文件）两个层次，1979年颁布两部法典（《刑法》《刑事诉讼法》）前与法典颁布后两个阶段。

（一）刑事实体法方面的立法

1. 中华人民共和国成立至1979年《刑法》颁布前。在1949年之后，刑法典迟迟没有颁布，在相关《刑法》草案中，作为实体性涉物处分的"没收"与作为财产刑的没收同时被规定为附加刑，甚至不再提及作为涉案财物处置方式的"没收"。例如1950年的《刑法大纲草案》第17条、第21条就把"没收"作为刑罚的种类之一，并明确了没收的对象；1954年《中华人民共和国刑法指导原则草案（初稿）》第18条还将"返还"填充于"没收"的规定中；而1957年起草的《中华人民共和国刑法草案（第22次稿）》将"没收"局限为财产刑，"返还"也未予提及；直到1979年第33稿，该草案也只是将"没收"视为财产刑。此外，在先后颁布的一些单行刑法中，出现了一些规定涉案财物处理的内容，如1952年4月中央人民政府公布的《中华人民共和国惩治贪污罪条例》第3条规定："贪污所得财物，应予追缴；其罪行特别严重者，并得没收其财产之一部或全部。"直到1979年《刑法》的颁布实施，才将"没收"与财产刑相分离。[1]司法解释方面，最主要的是1965年最高人民法院、最高人民检察院、公安部、财政部公布的《关于没收和处理赃款赃物若干问题的暂行规定》，该规定对赃款赃物的没收、处理、保管等问题作了较为详尽的规定，直到2010年底才被最高人民法院、最高人民检察院废止。其中，该规定首次明确了没收主体类型和级别，即"没收赃款赃物的权力属于县以上人民法院、检察院和公安机关"，并规定了没收的审批权限、决定程序。[2]

2. 刑法典颁布后。1979年《刑法》颁布后，全国人大常委会通过颁

---

〔1〕 1979年《刑法》第60条规定："犯罪分子违法所得的一切财物，应当予以追缴或者责令退赔；违禁品和供犯罪所用的本人财物，应当予以没收。"

〔2〕 即检察院、公安机关依法移送人民法院判处的案件的赃款赃物，应该随案移交，由人民法院在判决时一并作出决定。检察院、公安机关直接处理（如免予起诉、释放、劳动教养、行政拘留和作其他处理）的案件的赃款赃物，经检察长、公安局长批准，由检察院、公安机关作出书面裁决，予以没收。

布单行刑法的方式，将没收的范围从"供犯罪所用的本人财物"扩大为
"供犯罪使用的财物"，[1]至 1997 年《刑法》颁布，确立了目前"追缴"
"责令退赔""返还""没收"四种涉物处分并存的制度。司法解释方面，
在现行刑法颁布前，最高人民法院于 1987 年公布的《关于被告人亲属主
动为被告人退缴赃款应如何处理的批复》详细规定了被告人家属代为退赃
的问题，并限制了司法机关接受被告人家属代为退赃的适用范围；[2]另
外，针对具体罪名的司法解释和相关规范性法律文件，也包含实体性涉物
处分的相关规定，如 1986 年 12 月财政部公布的《罚没财物和追回赃款赃
物管理办法》第 7 条规定了"依法追回贪污、盗窃等案件的赃款、赃物"
的处理原则，主要包括上缴国库和返还被害人（单位）两种方式；1996 年
最高人民法院印发的《关于审理诈骗案件具体应用法律的若干问题的解
释》，规定了对诈骗财物善意取得的问题，等等。现行刑法典颁布后，由
于第 64 条的规定过于原则，多个部门先后围绕具体罪名，颁布了多项司法
解释，如 1998 年印发的《关于依法查处盗窃、抢劫机动车案件的规定》，
2011 年最高人民法院、最高人民检察院公布的《关于办理诈骗刑事案件具体
应用法律若干问题的解释》等，对《刑法》第 64 条之适用作了进一步明确。

（二）刑事程序法方面的立法

1. 中华人民共和国成立至 1979 年《刑事诉讼法》颁布。在 1979 年刑事
诉讼法法典化之前，我国刑事诉讼立法和理论研究比较薄弱，学者通常将其
称之为"初创与挫折"时期。在这一时期，我国先后形成了六稿《中华人民
共和国刑事诉讼法草案》。从该草案的草稿至三稿，关于涉案财物的实体性
处分，只有"对于财产部分的执行，适用民事诉讼法的规定"这一表述；到
1963 年 3 月形成的该草案第四稿第 200 条对没收（包含作为涉物处分的没
收）作了概略的规定，但明确了"由人民法院执行；在必要的时候，可以会
同公安机关执行"的执行模式，该规定也一直延续到了 1979 年《刑事诉讼
法》颁布前的最后一稿（1963 年 4 月 10 日，第六稿）。由于这一阶段立法背

---

〔1〕　参见 1990 年 12 月《全国人民代表大会常务委员会关于禁毒的决定》第 12 条。

〔2〕　参见该规定第 5 条规定内容。

景的特殊性，以上规定最终没有产生法律效力并予以施行。我国立法机关最终直到 1979 年才颁布中华人民共和国成立以来的第一部刑事诉讼法典，而该法典关于涉案财物实体性处分的规定沿用了《中华人民共和国刑事诉讼法草案》第四稿以来的内容，仍然是比较简单、模糊的。另外，上文提到的《关于没收和处理赃款赃物若干问题的暂行规定》作为这一阶段最重要的关于实体性涉物处分的司法解释，其本身兼具程序法与实体法属性，在此不作赘述。

2. 刑事诉讼法典颁布后。从 1979 年至今，我国《刑事诉讼法》先后历经三次修正。首先是 1996 年修正案，该修正案在第 142 条新增了对检察院决定不起诉的案件的处理；[1]第 198 条第 3 款新增了判决生效后对涉案财物作实体性处分的相关规定。[2]接下来是 2012 年修正案，该修正案在第 234 条第 4 款完善了 1996 年修正案第 198 条，[3]笔者认为，该条款明确了法院在判决书中对涉案财物处分的"确认权"和"有关机关"对判决生效后对涉案财物的"处分权"。2012 年修正案在涉案财物处置方面最重要的修改是其在特别程序部分（第 280 条至第 283 条）新增了"犯罪嫌疑人、被告人逃匿、死亡案件违法所得的没收程序"，其中第 280 条规定了违法所得没收程序的启动和法院可采取的程序性涉物处分措施，第 281 条规定了该程序的审级、公告程序、（犯罪嫌疑人、被告人的近亲属和其他利害关系人的）程序参与权和应当开庭审理的条件，第 282 条规定了该程序的审理结果和相关人员的上诉权，第 283 条规定了该程序的终止条件以及权利救济。最后是 2018 年修正案，该修正案基本延续了 2012 年修正案在涉案财物处分方面的内容。

1979 年《刑事诉讼法》颁布以来，最高人民法院、最高人民检察院先后制订了大量司法解释，相关国家部委也制订了为数众多的各类规范性法律文件。1996 年修正案颁布之前，司法机关并没有制订综合性的司法解释，仅针对具体问题制订了若干司法解释和其他规范性法律文件，如 1980

---

〔1〕 需要没收其违法所得的，人民检察院应当提出检察意见，移送有关主管机关处理。

〔2〕 人民法院作出的判决生效以后，对被扣押、冻结的赃款赃物及其孳息，除依法返还被害人的以外，一律没收，上缴国库。

〔3〕 人民法院作出的判决，应当对查封、扣押、冻结的财物及其孳息作出处理。人民法院作出的判决生效以后，有关机关应当根据判决对查封、扣押、冻结的财物及其孳息进行处理。

年 10 月最高人民检察院《关于从没收财物和罚款中提成给检察机关的请示的批复》明确了检察机关无权从赃款赃物以及没收的财物和罚款提成作奖励费用；1986 年 12 月财政部公布的《罚没财物和追回赃款赃物管理办法》第 13 条规定，由"查处机关"（包括公安机关、人民检察院、人民法院）依法将"罚没款和没收物资变价款"和"赃款和赃物变价款"上缴国库，笔者认为该条包含了"公检法三机关均有没收权"的含义。1996 年修正案适用期间，最高人民法院、最高人民检察院、公安部分别开始制订综合性司法解释和部门规章。1998 年 1 月最高人民法院、最高人民检察院、公安部、国家安全部、司法部、全国人大常委会法制工作委员会公布的《关于刑事诉讼法实施中若干问题的规定》"十四、赃款赃物"部分细化了 1996 年《刑事诉讼法》第 198 条的规定，区分查封、扣押的赃款赃物和冻结的赃款，明确了判决生效后赃款赃物的处置程序和职权配置。[1] 在 1998 年《关于执行〈中华人民共和国刑事诉讼法〉若干问题的解释》中，"十六、扣押冻结在案财物的处理"部分对《刑法》第 64 条作了细化，其中第 292 条至第 294 条明确，对于冻结在案的金融资产，统一由作出生效判决的法院作没收或返还处理，对于查封、扣押在案的赃款赃物，采用"谁查扣，谁执行"的原则，未移送法院的涉案财物由法院通知查封、扣押机关作没收处理。1999 年 1 月发布的《高检规则》第 239 条规定了检察院在作出撤销案件决定后对违法所得的处理权限，[2] 并且规定了犯罪嫌疑人死亡时，检察院有权申请法院作没收或返还裁定；第 291 条规定了检察院在作出不起诉决定后对违法所得的处理权限。[3] 1998 年 5 月公安部发布的《公安机关办理刑事案件程序规定》第 219 条规定了对不宜移送的涉案物品的处分，"原物由公安机关妥为保管或者按照国家有关规定分别移送主管部门处理或者销

---

〔1〕 冻结在金融机构的赃款……待人民法院作出生效判决后，由人民法院通知该金融机构上缴国库；查封、扣押的赃款赃物，对依法不移送的……待人民法院作出生效判决后，由人民法院通知查封、扣押机关上缴国库，查封、扣押机关应当向人民法院送交执行回单。

〔2〕 需要没收的，应当提出检察建议，移送有关主管机关处理；需要返还被害人的，可以直接决定返还被害人。

〔3〕 需要没收其违法所得的，人民检察院应当提出检察意见，连同不起诉决定书一并移送有关主管机关处理。

毁"，同时还规定对"暂予保存，待诉讼终结后一并处理"的财物，"通知被害人后，超过半年未来领取的，予以没收，上缴国库"；第 222 条明确了其对涉案财物作实体性处分的依据即法院的生效裁判，而不能直接独立对涉案财物作实体性处分；[1]第 231 条规定了犯罪嫌疑人死亡案件的处理措施，[2]这也是违法所得没收程序的前身之一。2001 年最高人民检察院公布的《人民检察院扣押、冻结款物管理规定》在 1996 年试行规定的基础上新增了"扣押、冻结款物的处理"一章，其中第 24 条、第 25 条细化了《刑法》第 64 条之规定，并规定了检察机关对于扣押、冻结款物有"建议人民法院依法判处没收财产""提出检察意见，移送有关主管机关处理"和先行返还权属明确的被害人合法财产的权力；2006 年最高人民检察院印发新的文件，第 25 条第 1 款首次明确"扣押、冻结的款物，除依法应当返还被害人或者经查明确实与案件无关的以外，不得在诉讼程序终结之前处理"以及撤销案件时处理财产的期限，并在第 32 条规定了利害关系人对检察院财产处理决定不服的救济；2010 年最高人民检察院再次印发新的文件，这一版本规定基本延续、细化了上一版本在涉案财物处理方面的内容，并在第 41 条第 1 款规定了对无人认领的应返还被害人财物的处置。[3]2010 年公安部发布的《公安规定》整合了公安部前期发布规定中涉及涉案财物处理的内容，并在第 23 条详细规定了犯罪嫌疑人一方先行"退、赔"被害人一方"款物"的规定。

2012 年修正案适用期间至今，由于《刑事诉讼法》新增了"违法所得没收程序"一章，加之实务部门日益重视规范涉案财物处置工作，这一时期出现了很多关于涉案财物处分的专门性司法解释及其他规范性法律文件。2012 年最高人民法院等公布的《关于实施刑事诉讼法若干问题的规

---

〔1〕 对不宜移送的，应当将其清单、照片或其他证明文件随案移送。待人民法院作出生效判决后，由扣押的公安机关按照人民法院的通知，上缴国库或者返还受害人，并向人民法院送交执行回单。

〔2〕 对于在侦查中犯罪嫌疑人死亡，对犯罪嫌疑人的存款、汇款应当依法予以没收或者返还被害人的，可以申请人民法院裁定通知冻结犯罪嫌疑人存款、汇款的银行、其他金融机构或者邮电部门上缴国库或者返还被害人。

〔3〕 对于应当返还被害人的扣押、冻结款物，无人认领的，应当公告通知。公告满一年无人认领的，依法上缴国库。

定》第 36 条、第 37 条将 1998 年的"赃款赃物"表述为"应当追缴的违法所得及其他涉案财产",将 2012 年《刑事诉讼法》第 142 条作"人民检察院、公安机关不能扣划存款、汇款、债券、股票、基金份额等财产"的解释。2012 年公布的《高法解释》第十六章专章规定了查封、扣押、冻结财物的处理,对 1998 年《关于执行〈中华人民共和国刑事诉讼法〉若干问题的解释》的相关内容作了细化,增加了涉案财物认领制度、先行处置制度,并对无人认领涉案财物的处分作了规定;[1]第二十二章详细规定了违法所得没收程序的申请、受理、公告、庭审、裁定、上诉、审判监督程序。2021 年《高法解释》又在 2012 年的基础上对相关内容作了进一步细化,将上述的公告期改为 1 年,扩大了没收违法所得案件的适用范围,[2]增加了"涉案财物用于投资或者置业的形成的财产及其收益"为追缴、没收的对象,丰富了没收违法所得公告的内容,区分了境内、境外送达,强化了对利害关系人诉讼权利的保护;第 621 条规定了申请没收的财产认定的"高度可能性"证明标准以及巨额财产来源不明犯罪案件中证明标准的特别规定。2012 年《高检规则》(试行)第 295 条细化了撤销案件时侦查部门处理违法所得的程序,第 296 条与违法所得没收程序作了衔接性规定,并将原《高检规则》第 239 条"因其他原因撤销案件的,直接通知冻结机关上缴国库或者返还被害人"的处理方式改为"应当提出检察建议,移送有关主管机关处理";第 298 条再次明确了不得在诉讼程序终结之前处理查封、扣押、冻结的款物的原则,第 299 条规定了涉案财物处理的审批权限("检察长决定");第十三章第三节对违法所得没收程序作了规定,比较重要的内容包括提出申请检察院的级别("与有管辖权的中级人民法院相对应")、侦查部门调查违法所得没收案件的权力、对公安机关未启动违法所得没收程序的监督、检察院在法院审理阶段的证明责任、检察机关

---

〔1〕　参见该解释第 445 条第 3 款:"判决返还被害人的涉案财物,应当通知被害人认领;无人认领的,应当公告通知;公告满一年无人认领的,应当上缴国库;上缴国库后有人认领,经查证属实的,应当申请退库予以返还;原物已经拍卖、变卖的,应当返还价款。"
〔2〕　根据该解释第 611 条之规定:"犯罪嫌疑人、被告人死亡,依照刑法规定应当追缴其违法所得及其他涉案财产,人民检察院提出没收违法所得申请的,人民法院应当依法受理。"

在提起公诉后或审判期间可因法定事由直接或另行提出没收违法所得申请等。2019 年《高检规则》在违法所得没收程序部分细化了"违法所得（通过实施犯罪直接或者间接产生、获得的任何财产）"与"其他涉案财产（违禁品、供犯罪所用的本人财物）"的区别。《公安机关办理刑事案件程序规定》2012 年修订第 184 条第 3 款对公安机关撤销案件时涉案财物的处理作了原则性规定；[1]第 228 条规定了对权利归属不明查扣财物的处理；[2]第 278 条第 2 款对 1998 年《公安机关办理刑事案件程序规定》第 220 条作了补充规定；[3]第 282 条与检察院作不起诉决定案件涉案财物处理的规定作了衔接；在第十章"特别程序"中对公安机关办理适用违法所得没收程序的案件作了简要规定。《公安机关办理刑事案件程序规定》2020 年修正在涉案财物处理方面基本延续了其 2012 年修订的规定。

再看 2012 年以来关于涉案财物处分的专门性司法解释及其他规范性文件。《高法涉财执行规定》整合了最高人民法院前期制订的司法解释的相关规定，其中第 2 条明确刑事裁判涉财产部分原则上由第一审人民法院执行；第 11 条规定了法院对第三人因"清偿债务、转让或者设置其他权利负担"取得的涉案财物予以追缴或不予追缴的情形；第 13 条至第 15 条分别对债权人、当事人和利害关系人、案外人和被害人权利的保障加以规定。2015 年最高人民检察院印发的《高检规定》与 2012 年《刑事诉讼法》修正案中违法所得没收程序的内容作了衔接，第 26 条将"无人认领的""应当返还被害人的查封、扣押、冻结涉案财物"的公告调整为 6 个月（各版本《高检规则》均未作规定）。2015 年中共中央办公厅、国务院办公厅《意见》强调了涉案财物处置工作的基本原则和基本制度。公安部2015 年修订的《公安规定》对 2010 年版本作了细化，与 2012 年刑诉法修正案及《公安机关办理刑事案件程序规定》的内容作了衔接，并设置专章

---

〔1〕 对查封、扣押的财物及其孳息、文件，或者冻结的财产，除按照法律和有关规定另行处理的以外，应当解除查封、扣押、冻结。

〔2〕 原主不明确的，应当采取公告方式告知原主认领。在通知原主或者公告后六个月以内，无人认领的，按照无主财物处理，登记后上缴国库。

〔3〕 人民法院未作出处理的，应当征求人民法院意见，并根据人民法院的决定依法作出处理。

规定了涉案财物处理的内容，并完善了对犯罪嫌疑人、利害关系人的权益的保护。2020 年 12 月财政部印发的《罚没财物管理办法》替代了 1982 年《罚没财物管理办法》，从施行层面进一步对《刑法》第 64 条之"没收"涉物处分作了规制，其中第 3 条第 2 款规定了"执法机关"的范围，包含行政机关、监察机关、审判机关、检察机关；第 14 条规定罚没财物权利人不明确时，经公告期满无人同意或者申请的，可依法先行处置；第 22 条规定了依法应当进行权属登记的财产和财产权利可依据法院生效裁判进行"权属变更"，但变更"不改变罚没财物的性质"。2021 年国家监察委公布的《中华人民共和国监察法实施条例》（下文简称《监察法实施条例》）第 207 条第 3 款也对实体性涉物处分权作了规定，[1]该款实际上确认了监察机关有权对未经法院生效裁判确认的涉案财物作实体性处分，但该处分在实质上可能是一种行政涉物处分，而非刑事涉物处分；[2]第 208 条也需加以注意，因其规定的实体性涉物处分的前提是"不属于犯罪所得"，也并非刑事涉物处分；第 209 条第 2 款具体规定了对涉案财物的追缴；[3]第

---

〔1〕 对于涉案单位和人员通过行贿等非法手段取得的财物及孳息，应当依法予以没收、追缴或者责令退赔。对于违法取得的其他不正当利益，依照法律法规及有关规定予以纠正处理。

〔2〕 这是因为，该条款乃至上下文均未提及监察机关应依据法院生效裁判对"涉案单位和人员通过行贿等非法手段取得的财物及孳息"作没收、追缴或者责令退赔处置；实践中对于配合监察机关调查的行贿人，监察机关往往不予追究其刑事责任，也就不存在作为处分依据的"生效裁判"了。笔者认为监察机关的这种处理方式，实际上是把本应通过刑事诉讼程序确认涉案财物违法的程序，用实质上的行政程序对其违法性加以确认，因而这种涉物处分应理解为一种行政涉物处分，否则就违背了刑事涉案财物处分的基本原则。然而，监察机关对客观上构成行贿罪的行为人只作行政处理，虽有侦破案件的现实需求和刑事政策的考量，似乎在法律依据上还有所欠缺，也使得对相关涉案财物的处置出现了一定的不确定性。

〔3〕《监察法实施条例》第 209 条第 2 款规定："追缴涉案财物以追缴原物为原则，原物已经转化为其他财物的，应当追缴转化后的财物；有证据证明依法应当追缴、没收的涉案财物无法找到、被他人善意取得、价值灭失减损或者与其他合法财产混合且不可分割的，可以依法追缴、没收其他等值财产"值得注意的是，从表面看，该条文似乎与《高法涉财执行规定》第 11 条"第三人善意取得涉案财物的，执行程序中不予追缴"之规定以及最高人民法院、最高人民检察院《关于办理诈骗刑事案件具体应用法律若干问题的解释》等相关司法解释关于善意取得涉案财物的规定有冲突。笔者认为以上规定并不矛盾，因为两者所指向的对象是不同的，《监察法实施条例》第 207 条应理解为应对犯罪嫌疑人继续追缴，而其他司法解释中的"不予追缴"应理解为不再对善意第三人追缴，言下之意仍要对犯罪嫌疑人继续追缴，以实现"任何人不能从自己犯罪中获利"的目的。

232 条与《刑事诉讼法》关于违法所得没收程序的内容作了衔接。

此外还应关注有关机关针对具体犯罪制定的司法解释和其他相关规范性法律文件。如 2014 年最高人民法院、最高人民检察院、公安部公布的《关于办理非法集资刑事案件适用法律若干问题的意见》、2017 年最高人民检察院、公安部印发的《关于公安机关办理经济犯罪案件的若干规定》和 2019 年最高人民法院、最高人民检察院、公安部印发的《关于办理非法集资刑事案件若干问题的意见》等，均对刑事诉讼法典、综合性司法解释作了进一步细化规定。

通过回顾中华人民共和国成立以来实体性涉案财物处分法律制度的发展历程，我们不难看出，在立法层面，我国实体性涉物处分制度经历了从无到有、从粗略到详细的发展过程，并且从整体来看，越来越强调对公权力的限制和对公民财产权的保护。从现行立法来看还存在一些不应忽视的情况，比如关于该制度的规定，主要见于司法解释、部门规章等规范性文件，刑法典和刑事诉讼法典的内容均比较简略，即便是晚近设立的违法所得没收程序，在《刑事诉讼法》中也只有四个条文；又如规范性文件相对分散，各机关都有自己的涉案财物处理规范，统领性的规范性文件仅 2015 年中共中央办公厅、国务院办公厅《意见》一份且仅作了纲领性的指导；再如有的规范性法律文件之间存在规范不统一、不一致的情况。以下结合对相关法规的梳理，对我国实体性涉物处分权的配置与制衡现状加以归纳。

二、我国实体性涉物处分权的配置现状

(一) 实体性涉物处分权的配置情况

根据上文梳理的法律规定，我们可以看出，目前我国多机关均有实体性涉物处分权，其中决定权能由法院单独行使，[1]而执行权能则由侦查机关、监察委员会、检察院和法院分工行使。对于依法不移送的查封、扣押

---

〔1〕 实体性涉物处分权的决定权能由法院单独行使，是法院独立行使审判权的必然要求，也符合司法裁判活动的终结性特征（参见陈瑞华："司法权的性质——以刑事司法为范例的分析"，载《法学研究》2000 年第 5 期）。因此本书主要考察实体性涉物处分权执行权能的配置。

涉案财产，由查封、扣押机关依据法院生效裁判对其行使实体性处分权；对于"冻结在金融机构的违法所得及其他涉案财产"和"随案移送的或者法院查封、扣押的财物及其孳息"，则由法院对其行使实体性处分权。此外，对于法院在裁判中未作处理的涉案财物，公安机关应征求法院意见并依据法院决定行使实体性处分权。[1]

需要注意的是，对于被撤销或不起诉的案件，现行立法的规定区分了"犯罪嫌疑人死亡"和"其他原因"两种情况，分别适用违法所得没收程序、作"移送有关主管机关处理"或"按照法律和有关规定另行处理"[2]。按照最高人民检察院的释义，"有关主管机关"是指"有权对违法所得予以没收的行政主管机关"[3]。对于撤销案件或不起诉这两种使诉讼终结的情况，一旦适用违法所得没收程序，其实相当于涉案财物单独进入了刑事诉讼程序，此时应适用前文的规定；而如果作移送或另行处理，则使涉案财物脱离了刑事诉讼程序，转而进入了行政程序，而此后对相关涉案财物的处分就不再是对其行使刑事诉讼实体性涉物处分权，因此本书不再予以讨论。

从现行立法来看，我国刑事诉讼实体性涉物处分权执行权能的配置呈现"谁控制，谁处分"的特点，即涉案财物移送到哪个机关，由哪个机关实际控制，在裁判生效后就由哪个机关行使实体性涉物处分权，行使该权力的机关包括法院、检察院、侦查机关、监察机关。然而，笔者认为，"谁控制，谁处分"只是表象，其实质则是以法院为主导，其他机关配合。从具体的条文内容可以看出，一方面，其他机关只是机械地根据法院在裁判生效后的通知，对自己控制的涉案财物加以处理，并应将处理结果及时向法院反馈；另一方面，当有待处分的涉案财物未到案或者现有的在案涉

---

〔1〕　参见《刑事诉讼法》第245条，2021年《高法解释》第447条，《高检规定》第25条至第27条，《公安机关办理刑事案件程序规定》第288条。

〔2〕　参见《刑事诉讼法》第177条第3款，《高检规则》第248条、375条，《公安机关办理刑事案件程序规定》第187条。

〔3〕　童建明、万春主编：《〈人民检察院刑事诉讼规则〉条文释义》，中国检察出版社2020年版，第263页。另外，立法者并没有对"另行处理"作出解释，笔者认为其含义应与"移送有关主管机关处理"相同。

案财物不满足执行需要时，仅法院有权对相关财物予以追缴。[1]追缴作为一种手段，体现了实体性涉物处分权的强制力，而这种强制力则被法院控制。因此可以说，其他机关的处分行为（即移送、上缴等）只是一种工作流程，是对法院工作的配合。并且，中共中央办公厅、国务院办公厅《意见》中的第9条规定也对此予以明确，[2]《民事诉讼法》《高法涉财执行规定》均规定刑事裁判中的"财产部分"，由第一审人民法院执行。因此，从立法角度看，我国刑事诉讼实体性涉物处分权执行权能主要由法院行使，检察、监察、侦查机关予以配合。

在实践中存在一些与立法脱节的现象，比如对于冻结在金融机构的存款、汇款、债券、股票、基金份额等财产，在刑事裁判生效后，并不是由法院执行，而是由冻结该财产的公安机关、检察机关执行。[3]但从整体看，我国实体性涉物处分权执行权能基本在"以法院为主导，其他机关配合"的权力配置模式下运行。

（二）简评

从效率价值的角度看，由于其他机关代替法院处分了不作为证据移送的查封、扣押财物，各机关历来以"互相配合"为工作原则，且法院有着相对成熟、体量较大的执行部门，这些现实条件都有利于效率价值的实现。目前学界对这种权力配置模式的主要批评在于其违背了审执分离的权力配置原则。例如有学者认为，执行生效刑事裁判的行为是主动的、积极的，而"不告不理"原则和"被动、消极、中立"的司法角色则是法院在司法实践中应当遵循的规范，因此法院承担执行职责是违背法理的。[4]然而，简单地将执行机构从法院分离，设立专门的执行机关，也存在很多现实困境，正如学者归纳，执行工作对执行人的知识和判断力有较高的要求，而

---

[1] 参见《高法涉财执行规定》第8条、第10条、第11条。
[2] 对审判时尚未追缴到案或者尚未足额退赔的违法所得，人民法院应当判决继续追缴或者责令退赔，并由人民法院负责执行，人民检察院、公安机关、国家安全机关、司法行政机关等应当予以配合。
[3] 参见乔宇：《刑事涉案财物处置程序》，中国法制出版社2018年版，第276页。
[4] 参见杜芳："论刑事追缴程序"，载《求索》2009年第1期。

法院执行机构拥有目前最能胜任该工作的人力资源；"执行机构与审判机构在人民法院内部分离"，既有利于降低当事人的权益实现成本，又可以避免不同机关互相推诿；两大法系国家也普遍将执行机构内设于司法机关。[1]这些因素是立法者在未来调整实体性涉物处分权配置模式时应予考量的内容。

三、我国实体性涉物处分权的制衡现状

（一）实体性涉物处分权的制衡情况

从我国现行立法来看，刑事诉讼实体性涉物处分权的规制主要包括两个方面。一是对公民财产权利的保护。二是对实体性涉物处分权的制约，包括程序性规制和权力监督（含责任追究）两个方面。相关条文呈现出分散、繁杂的特点，以下一一梳理。

1. 公民财产权利的保护。主要表现在：（1）当事人和辩护人、诉讼代理人、利害关系人的申诉、控告权和犯罪嫌疑人、被告人的近亲属和其他利害关系人的上诉权；[2]（2）返还、损害赔偿请求权；[3]（3）当事人、案外人程序参与权；[4]（4）对善意取得的涉案财物不予追缴[5]；（5）及时返还当事人合法财产。[6]

2. 程序性规制。既包括对实体性涉物处分决定权能的制约，也包括对实体性涉物处分权执行权能的制约，既包括将涉案财物的作为"对人之诉"附庸的普通程序，也包括将对物裁判独立出来的违法所得没收程序。

---

〔1〕　参见肖建国、黄忠顺："论司法职权配置中的分离与协作原则——以审判权和执行权相分离为中心"，载《吉林大学社会科学学报》2015年第6期。

〔2〕　参见《刑事诉讼法》第117条、第300条，2021年《高法解释》第622条，《高检规定》第32条，中共中央办公厅、国务院办公厅《意见》"十二、"和"十三、"部分，《公安规定》第30条。

〔3〕　参见《刑事诉讼法》第301条，2021年《高法解释》第531条，《高检规则》第249条，《公安机关办理刑事案件程序规定》第187条，《公安规定》第29条。

〔4〕　参见2021年《高法解释》第279、第445条、第617条、第618条，《高检规定》第32条，《公安规定》第21条。

〔5〕　参见《高法涉财执行规定》第11条。

〔6〕　参见2021年《高法解释》第83条、第438条、第445条、第449条、第531条，《高检规定》第25条，《公安规定》第20条。

普通程序对实体性涉物处分权的限制主要有：（1）将涉案财物处理纳入证明的对象，纳入审查起诉、庭前会议、法庭辩论、合议庭评议、上诉抗诉程序审查的内容，并将其作为裁判文书、不起诉决定书应当列明的事项；[1]（2）明确了在案涉案财物的处理期限；[2]（3）初步确立了无法定事由，不得在诉讼终结前处理涉案财物的原则；[3]（4）设置了涉案财物无人认领情况下的公告认领程序。[4]在违法所得没收程序方面，我国《刑事诉讼法》及《高法解释》详细规定了其申请、审查、公告、审判（含二审）程序，以及证明标准、与普通程序衔接等一系列制度，《高检规则》和《公安机关办理刑事案件程序规定》也作了配套规定。

3. 权力监督。主要包括：（1）检察机关对刑事诉讼活动的监督，主要措施包括"提出纠正意见"和"调查核实"；[5]（2）专门机关内部监督，包括专门机关互相监督、内部机构的监督、本系统上级机关对下级机关的监督和负责人的审批；[6]（3）人民监督员监督；[7]（4）对专门机关工作人员在行使权力过程中的违法、犯罪行为予以追究。[8]

（二）简评

从上文我们可以明显看出，自党的十八届四中全会通过《决定》明确要求规范查封、扣押、冻结、处理涉案财以来，我国已在立法层面对实体性涉物处分权的制衡作了比较全面的规定，但是存在的问题也比较明显。

---

〔1〕 参见 2021 年《高法解释》第 72 条、第 228 条、第 280 条、第 294 条、第 295 条、第 391 条、第 444 条，《高法涉财执行规定》第 6 条，《高检规则》第 330 条、第 372 条。

〔2〕 参见 2021 年《高法解释》第 447 条、第 448 条，《高法涉财执行规定》第 3 条，《高检规定》第 23 条。

〔3〕 参见《高检规则》第 250 条，《高检规定》第 22 条，《公安机关办理刑事案件程序规定》第 288 条。

〔4〕 参见 2021 年《高法解释》第 445 条，《高检规定》第 26 条，《公安机关办理刑事案件程序规定》第 233 条。

〔5〕 参见《刑事诉讼法》第 8 条、第 276 条，《高检规则》第 645 条，《高检规定》第 33 条。

〔6〕 参见《高检规则》第 665 条、第 669 条，《高检规定》第 7 条、第 29 条、第 30 条，《公安规定》第 25 条、第 30 条，中共中央办公厅、国务院办公厅《意见》第"十五"部分。

〔7〕 参见《高检规定》第 34 条。

〔8〕 参见《刑事诉讼法》第 245 条第 4 款，《高检规定》第 31 条、35 条，《公安规定》第 26 条至第 28 条，中共中央办公厅、国务院办公厅《意见》第"五"部分。

一是从整体来看，我国对实体性涉物处分权的立法是比较分散的，甚至是比较凌乱的，这就导致不同主体制定的法规可能存在不一致、不统一的地方（比如涉案财物无人认领情况下的公告认领期限，最高人民法院与最高人民检察院、公安部的规定不同），这就会导致司法实践陷入困境；二是相关立法的位阶还比较低，有些规定不具体、不明确，《刑事诉讼法》中关于涉案财物处理的规定极为有限，有些法律规范比如无法定事由，不得在诉讼终结前处理涉案财物这一原则性规定没有被转化为基本法律规范，又如现行立法虽明确了裁判文书应列明涉案财物处理事项，但并未对涉案财物与犯罪的关联性的证明做要求；三是在权力监督方面存在监督主体过多、职权交叉分散的情况，这样反而可能减弱监督的效果，并且有的规定过于简略（比如人民监督员的监督）实践中难以执行；四是普通程序中没有申请对涉案财物作实体性处分的程序性规定，有违"不告不理"的原则；五是在实践中法院对涉案财物仍然存在概括判决、遗漏判决或者将刑事没收判决转化为财产刑的情况，造成此种现象的原因既包括办案法官在履职尽责方面的不作为，也包括违法所得数额在裁判时难以完全查明的现实困难，这既违背了列明涉案财物处理相关内容的义务，又造成了一种两难的局面：在未能查明涉案财物性质时，如果不及时作出判决，就会侵害被告人迅速接受审判的权利；如果作出概括判决、遗漏判决或将刑事没收转化为财产刑，则会使执行工作无所依凭，从而失去了对权力的制约，损害了刑事司法的公正性。

第三节　我国刑事诉讼实体性涉物处分权的配置模式选择和制衡路径

一、实体性涉物处分权的配置模式选择[1]

本书第二章已明确分权原则应作为权力配置的基本原则，党的十八届

---

[1]　这里主要讨论实体性涉物处分权执行权能的配置，其决定权能应由法院单独掌控（详见第二节第三部分）。

四中全会《决定》指出："优化司法职权配置。健全公安机关、检察机关、审判机关、司法行政机关各司其职，侦查权、检察权、审判权、执行权相互配合、相互制约的体制机制。""审执分离"的权力配置目标是立法者和学界的共识。理论上有学者将审执分离分为"执行人员与审判人员分离、执行机构与审判机构分离、执行程序与审判程序分离、执行裁决与执行实施分离"几个层面，〔1〕而多数学者论述的重点都在执行机构与审判机构的外部分离，即应当有独立于法院的专门机关行使执行权。如陈瑞华教授认为，法院作出生裁判决后，其针对个案的司法裁判活动已大体结束。而将裁判内容付诸实施的权力应由专门的司法行政机关行使。〔2〕在实践中，审执分离是最高人民法院长期以来一直推行的改革措施。目前我国刑事诉讼实体性涉物处分权执行权能的配置模式是"以法院为主导，其他机关配合"，与《决定》中"各司其职""互相制约"的要求不相符。

目前学界对实体性涉物处分权配置的专门研究还比较少，而关于刑事执行权的配置模式则有较多的成果。其中的主流观点是"统一刑事执行主体"。这种模式主要包括以下三种类型：一是由司法部统一负责刑事执行；〔3〕二是由检察机关指挥裁判的执行〔4〕；三是设立专门的国家执行机构，统一行使民事、刑事、行政权。〔5〕

有学者认为应由司法行政机关行使实体性涉物处分权执行权能。其理由主要是：我国人民法院、公安机关承担执行职能，既违背了权力分立原则，也不符合执行权的内在属性，应取消这两个机关的刑事执行权，转而由司法行政机关行使执行权。这样就实现了审执分离、侦执分离，既可以维护人民法院的中立地位，又可以使法官把专注于审判工作，使公安机关专注于维护社会秩序和打击犯罪，同时可以使审判权与执行权互相制约，使

〔1〕 参见肖建国、黄忠顺："论司法职权配置中的分离与协作原则——以审判权和执行权相分离为中心"，载《吉林大学社会科学学报》2015年第6期。
〔2〕 参见陈瑞华：《问题与主义之间——刑事诉讼法基本问题研究》，中国人民大学出版社2003年版，第36页。
〔3〕 参见冯卫国："论刑事执行权的合理配置"，载《法学论坛》2010年第1期。
〔4〕 参见万毅："刑事执行制度之检讨与改造"，载《甘肃政法学院学报》2005年第6期。
〔5〕 参见国林："论合理配置刑事执行权"，载《政法论坛》2001年第3期。

判决更加客观公正性，使执行的质量得以提高。[1]而该学者将执行权统一配置于司法行政机关的理由也回答了对上述三种执行权配置模式的取舍：第一，由该机关负责刑事执行工作，执掌刑事执行权，符合权力配置的规律，使得以行政权为主要属性的执行权回归行政机关；第二，由司法行政机关承担刑事执行权，落实了顶层设计，实现了侦查权、检察权、审判权、执行权分别由侦查机关、检察机关、人民法院、司法行政机关独立行使的格局；第三，司法行政机关作为监狱的主管部门，在刑事执行领域有较为丰富的经验；第四，检察机关已经掌握起诉、批捕、侦查、监督等权力，若再行使执行权，则容易造成权力过于集中，而且不利于对执行工作的监督。[2]笔者赞同以上观点。同时笔者认为，由司法行政机关行使执行权，相较于设立专门的国家执行机构是更容易实现的，因为无需对我国现有的机构设置作大规模调整，改革成本较低。另外，刑事强制执行与民事、行政强制执行的主要区别在于刑事强制执行的主要标的是人身，而民事、行政强制执行的主要标的是财产，因此由法院执行部门掌握全部刑事强制执行职能既超越了法院的能力范围，也会使得法院的权力过于强大，从而滋生一系列的腐败问题，这也是由司法行政机关行使刑事执行权的原因之一。

　　有学者认为应由侦查机关行使实体性涉物处分权执行权能。其理由主要有：从国家机关的职能看，"行政机关负责生效刑事裁判的执行，符合行政权的权能范围，法院则应负责执行过程中相关法律争议的裁判"；从我国刑事涉案财物执行现状看，"刑事涉案财物执行主要由侦查机关实施"；从办案机关执行能力看，侦查机关具有相对明显的优势；从国家机关与刑事涉案财物的实际关系看，"绝大多数刑事涉案财物均由侦查机关实际控制"[3]。笔者认为，立法上，我国现行立法明确，法院掌握着保障实体性涉物处分权执行权能的强制手段（追缴），因此其他机关的主要作

〔1〕　参见刘奕君："刑事执行权配置：理论根基与改革路径"，载《华南师范大学学报（社会科学版）》2022年第3期。

〔2〕　参见刘奕君："刑事执行权配置：理论根基与改革路径"，载《华南师范大学学报（社会科学版）》2022年第3期。

〔3〕　参见乔宇：《刑事涉案财物处置程序》，中国法制出版社2018年版，第278~280页。

用是配合；实践中，我国各级法院均设置执行部门，同时负责三大诉讼的强制执行，也具有较强的执行能力；理论上，侦查权与执行权也应分离，如果由侦查机关依据终局性法律文书行使该权力，则又要面临人员、机构调整的现实问题。因此，由侦查机关集中行使实体性涉物处分权执行权能的模式可能与理论上的多数观点和实践实际中情况有一定的距离。

关于对实体性涉物处分权的监督权，笔者认为目前由检察机关统一行使为宜。因为检察机关是专门的法律监督机关，而权力的适度集中有利于权力功能的实现。一直以来，我国检察机关监督权的作用都比较有限，有检察系统工作人员认为，目前我国检察监督存在"监督缺乏有效性与联动性，监督治标不治本"〔1〕等问题，也有学者对检察机关行使法律监督权的正当性有不同意见。监督权功能的实现可能并不是简单的权力配置问题，但权力适度集中有利于权力功能的实现则是比较明晰的。需要说明的是，认为应由检察机关统一行使实体性涉物处分权的监督权，并不排斥其他主体对实体性涉物处分权的监督，只是监督权的强制力应由检察机关掌握。

综上所述，笔者认为由司法行政机关行使刑事诉讼实体性涉物处分权执行权能是相对适宜的选择。这种模式符合权力配置的基本原理，符合党和国家的大政方针，对现有体制的影响也相对有限。推行这种权力配置模式，面临的最大困难可能是将法院的执行部门的部分或整体转移至司法行政机关过程中遇到的种种现实问题。由于法院的执行部门不仅仅负责刑事案件的执行，且调整后将面临机构整合、职权配置的进一步细化、队伍建设等诸多现实问题，因此将其调整至司法行政机关的难度可能远大于监察体制改革，而以上问题仍有待理论界与实务界作进一步研究。

二、实体性涉物处分权的制衡路径

结合前文提到的我国实体性涉物处分权之制衡在立法、实践两个方面存在的问题，笔者拟从理念和制度两个层面对制衡路径作初步设计。其中

---

〔1〕 张钦利、徐佳馨："中国刑事检察监督制度的回顾与展望"，载《法制与经济》2021 年第 9 期。

在理念层面，应树立"无赃推定"理念，强化保护公民财产权的理念；在制度层面，对于实体性涉物处分权的决定权能，应构建相对独立的对物之诉予以制衡，而对于实体性涉物处分权的执行权能，则应当全面借鉴《民事诉讼法》"执行程序"一编的内容。

（一）理念层面

1. 树立"无赃推定"理念

无罪推定是一项公认的刑事司法准则，其作为一种思想最早由意大利学者贝卡里亚提出："在法官判决之前，一个人是不能被称为罪犯的。只要还不能断定他已经侵犯了给予他公共保护的契约，社会就不能取消对他的公共保护。"[1]这一准则也被联合国《公民权利和政治权利国际公约》所认可。作为一项刑事司法准则，无罪推定原则不同于证明中的推定，无罪推定原则作为一种权利原则，一种诉讼理念，赋予了刑事诉讼中被追诉人的主体地位，属于法律规范层面而非认识层面。[2]我国《刑事诉讼法》第12条虽没有直接使用"无罪推定"表述，但在某种程度上体现该精神。[3]

数年前，已有学者主张通过立法确立与无罪推定相对应的基本原则——"无赃推定"，即"凡未经人民法院依法判决确认为赃款赃物的，对被追诉人的财产不能认为是赃款赃物"[4]。也就是说，被追诉人的财产在人民法院依法判决确认为赃款赃物之前，推定其为合法财产，属于被追诉人所有。笔者认为，该原则有两个基本要求：一是在法院依法判决确认为"赃款赃物"之前，涉案财物之权利归属应为"待定"状态，因而原则上不应将涉案财物作返还被害人或先予执行等实体性处理。二是在侦查或起诉阶段，公安机关、检察机关对赃款赃物的认定不具有终局性。

国家机关启动刑事诉讼程序，既是在对被追诉人行使"求刑权"，又是在对相关涉案财物行使"求赃权"，而现行刑事司法体制对涉案财物作"赃款赃物"认定，往往依附于对被追诉人的有罪认定，但如果经法院审

---

〔1〕　[意]贝卡里亚：《论犯罪与刑罚》，黄风译，中国大百科全书出版社1993年版，第31页。

〔2〕　参见李雪平："论无罪推定原则及其制度完善"，载《法大研究生》2019年第1期。

〔3〕　《刑事诉讼法》第12条规定："未经人民法院依法判决，对任何人都不得确定有罪。"

〔4〕　陈学权："论刑事诉讼中被追诉人的财产权保护"，载《学术研究》2005年第12期。

理认定被追诉人无罪，则在执行阶段无行使实体性涉案财物处分权的空间。同时，"无赃推定"也有其界限，那就是犯罪嫌疑人主动退赔、上缴涉案财物。可以说，无赃推定并不排斥公民的意思自治，也就是公民对自己占有财产的处分行为。因为该原则的出发点就是保护公民财产权不受国家权力的任意侵犯。

前文已述，虽然我国现行立法中已初步确立了无法定事由，不得在诉讼终结前处理涉案财物的原则，但该原则并没有被写入《刑事诉讼法》中。笔者认为，尽管"无赃推定"的原则在刑事诉讼法律体系中的地位不及基本原则，但有必要将这一原则规定在《刑事诉讼法》中，作为处置涉案财物的基本原则，以体现司法的公正和对公权力的限制。

2. 强化保护公民财产权的理念

2004年《宪法》修正案确立了"公民的合法的私有财产不受侵犯"之规范。这里所说的公民，不仅包括被国家追诉的犯罪嫌疑人、被告人，也包括被害人、对涉案财物有权利诉求的利害关系人。作为"小宪法"的刑事诉讼法，理应对公民合法财产有比较完善的保护，只有充分保障公民财产权利，公权力机关才能在行使实体性涉物处分权的同时符合人权保障和正当程序价值观要求，正如'林钰雄教授'所述，"法治国家中刑事诉讼法责无旁贷的任务，便是以一套'诉讼规则'来规制并厘清追诉程序中国家与个人之间权利与义务的界限，使双方有所适从，一方面便利国家完成其追诉处罚的功能，另一方面提供个人有效的权利保护，以防范国家方面无根无据或者不合比例的过度干预。"[1]然而我国刑事司法历来有"重人身处罚、轻财产处理"的观念，反映在立法和实践层面，均有对公民财产权利保障不到位的地方；而在理论研究方面，往往侧重研究如何保障被追诉人的人身权，如防止错误羁押、超期羁押、刑讯逼供等问题，但没有对保障被追诉人的财产权给予足够重视。[2]事实上，我国刑事立法已有一

---

〔1〕 参见林钰雄：《刑事诉讼法》（上册总论编），中国人民大学出版社2005年版，第9页。
〔2〕 参见万毅："刑事诉讼中被追诉人财产权保障问题研究"，载《政法论坛》2007年第4期。

定数量的关于保障公民财产权的条款，比如 1996 年《刑事诉讼法》第 2 条就已经将保护公民的财产权利作为刑事诉讼法的任务之一，又如前一节所列举的相关条款。但是这些关于保护公民财产权利的条款仍然是比较概略的在权利救济方面往往比较简略、分散；且多为权力机关自身复查，而非由中立的第三方进行审查；另外，程序的参与性方面，也存在缺乏当事人、利害关系人有效参与途径的情况。总而言之，立法和实践均没有形成一套体系完整、行之有效的公民财产权利的保障、救济机制。这是未来立法、司法机关需要予以重点考量的内容。

（二）制度层面

1. 对实体性涉物处分权决定权能的制衡——构建相对独立的刑事对物之诉程序

根据检察机关诉讼请求的不同，我国目前的公诉可分为定罪之诉和量刑之诉，而与之对应的裁判分别是定罪裁判和量刑裁判。它们主要解决的问题分别是被告人是否构成犯罪和应如何对被告人适用刑罚。这两种诉讼请求针对的都是被告人本身，理论上称之为"对人之诉"。然而在 2012 年《刑事诉讼法》增设违法所得没收程序后，传统的对人之诉似乎已不能将该程序纳入其中，于是有学者将对物之诉的概念引入了涉案财物处理的司法程序中。

违法所得没收制度的确立，代表着刑事对物之诉的机制在我国确立。但在普通程序中，并没有独立的对物之诉，法院对涉案财物所作的裁判附属于其对被告人的定罪与量刑，并没有专门审理涉案财物的庭审程序。[1] 为了进一步保护公民财产权，提高司法公信力，将涉案财物处理的程序纳入诉讼化轨道，有学者提出了"构建对物之诉机制""引入刑事对物裁判"两种理论。其中，陈瑞华教授对刑事对物之诉程序作了全面研究，在深入分析刑事对物之诉的性质、正当性的基础上，提出了对物之诉的两种模式，一种是在当事人或其他利害关系人提出异议或申请参与时的"独立性对物之诉模式"，另一种是在无人对涉案财物的追缴、权属提出异议时法院将涉案财物处理与定罪、量刑问题一并作出裁判的"附带性对物之诉模

---

〔1〕 参见陈瑞华："刑事对物之诉的初步研究"，载《中国法学》2019 年第 1 期。

式",并确定对物之诉的审理程序、证明标准、证明责任,明确利害关系人的诉讼地位为有独立请求权的第三人;[1]方柏兴博士揭示了对物之诉的双重构造,即因争议问题不同使得参与诉讼的主体不同,包括以法律性质为争议核心的第一层诉讼构造和以权益归属为争议核心的第二层诉讼构造;[2]孔祥伟博士在介绍英美两国刑事没收、民事追缴、没收诉讼等制度,梳理我国涉案财物处置制度沿革的基础上,论证了我国引入刑事对物裁判的司法价值,刑事对物裁判在裁判对象、诉讼结构、证明机制方面的独立性,并在梳理域外对物裁判模式的基础上,从我国刑事司法实践出发,提出了"相对灵活的分离模式":如果涉案财物的相关事实较为简单或基本查明时,二者可以由同一审判组织合并作出裁判,如果相关事实较为复杂或尚难以查明,则应由法院对涉案财物另作裁判。[3]

笔者认为,生效裁判文书涉财物部分的形成过程,即行使实体性涉物处分权决定权的过程,通过将其纳入诉讼化轨道,对其加以制衡,就是制衡实体性涉物处分权决定权能。而诉讼化的具体方法就是构建相对独立的对物之诉程序,而"刑事对物裁判"则是"刑事对物之诉"的必然结果,是从审判角度对刑事对物之诉程序的解读。对于应从哪些具体方面制衡,孔祥伟博士提出了六个方面的建议:(1)在程序的启动上,应有法定机关的要式申请;(2)设置公告程序保障诉讼参与人的知情权、参与权;(3)没收、追缴、返还应在裁判中载明;(4)对涉案财物的认定、处分应设置不同的证明标准和机制;(5)尽可能全面保障案外人、利害关系人的诉讼权利;(6)当事人及案外人、利害关系人均应享有上诉权。以上六条准则应是未来立法者构建相对独立的刑事对物之诉程序(不论是犯罪嫌疑人、被告人逃匿、死亡的案件违法所得的没收程序,亦或是被告人到案的普通程序)时的基本依据。

---

〔1〕 参见陈瑞华:"刑事对物之诉的初步研究",载《中国法学》2019 年第 1 期。

〔2〕 参见方柏兴:"论刑事诉讼中的'对物之诉'——一种以涉案财物处置为中心的裁判理论",载《华东政法大学学报》2017 年第 5 期。

〔3〕 参见孔祥伟:"审判阶段涉案财物处置的程序优化——刑事对物裁判之提倡",载《汕头大学学报(人文社会科学版)》2021 年第 11 期。

2. 对实体性涉物处分权执行权能的制衡——构建体系完整的涉案财物执行程序

目前，我国《刑事诉讼法》第 245 条，2021 年《高法解释》第十八章、第二十一章第四节以及《高法涉财执行规定》已对刑事诉讼实体性涉物处分权执行权能的运行作了一定数量的规定，但是仍然没有建立完整的涉案财物执行程序，相较于民事执行程序仍显得比较单薄，从 2021 年《高法解释》第 528 条 "参照民事诉讼法的有关规定处理" 和第 532 条 "参照适用民事执行的有关规定" 的表述可见一斑。习近平总书记在十八届中央纪委二次全会上指出 "把权力关进制度的笼子里"，而完备的刑事涉案财物执行程序就是限制刑事诉讼实体性涉物处分权的牢笼。刑事执行和民事执行的主要区别包括执行机关、执行名义、执行对象和执行机关的主动性，[1]但具体到对物执行方面，民事执行的制度与程序与刑事执行有较多的相通之处，作为国家惩治犯罪的最后手段，刑法的适用（执行权）理应受到严于民事执行程序的限制。事实上，我国刑事涉案财物执行程序已经在很大程度上 "借用" 了体系相对完善的民事执行程序的制度和规则，包括 "在组织机构上，与民商事案件的执行共用一套组织机构" "在技术上，与民商事案件的执行共用一套财产查控体系" "在规则层面，借用某些民商事执行领域的财产分配制度，实现对被害人财产权的保障"[2]三个层面。然而，这种 "借用" 可能还不够，比如 "参照适用" 和 "参照" 的表述，缺乏明确的指向性，可能会使执行人员无所适从，从而增加执行工作的随意性；又如《高法涉财执行规定》第 14 条规定了案外人的异议程序，明确由法院依据《民事诉讼法》第 225 条的规定处理，但是根据此规定，案外人在对法院裁定不服时，只能向法院申请复议，这样就剥夺了案外人通过执行异议之诉维护权利的机会，其只能通过对执行行为提出异议维护自身权益；再如，虽然《高法涉财执行规定》第 15 条使案外人能

---

[1] 参见谭秋桂："民事执行原理研究"，中国政法大学 2000 年博士学位论文。
[2] 参见纪格非："刑事涉案财物处置程序中的案外人权利保护"，载《法学杂志》2020 年第 8 期。

够通过审判监督程序救济其对涉案财物是否属于赃款赃物的认定异议，但是立法上没有明确将赃款赃物认定错误作为启动再审的事由，[1] 且实践中法院很难因涉案财物处置问题启动再审，导致案外人申请再审和另行起诉困难，[2] 等等。

由此可见，对于刑事诉讼实体性涉物处分权执行权能的制衡，有必要在全面借鉴《民事诉讼法》"执行程序"一编的内容的基础上，从执行启动程序、控制性执行措施、处分性执行措施、救济程序等方面，构建体系完备、权力制约更严格的刑事涉案财物执行程序，实现产权司法保障，实现涉物处置的公正与高效。

---

〔1〕 最高人民法院 2021 年修改的《高法解释》第 457 条将"对违法所得或者其他涉案财物的处理确有明显错误的"增加作为再审的情形之一，但尚未被立法（《刑事诉讼法》）吸收。

〔2〕 参见纪格非："刑事涉案财物处置程序中的案外人权利保护"，载《法学杂志》2020 年第 8 期。

第六章
介于两者之间的涉物处分权配置与制衡[1]

根据前文，"涉物处分"指刑事司法专门机关采取的对涉案财物及权利进行程序性控制或终决性处置等一系列措施的总称。本章将在前述对"程序性涉物处分权"和"实体性涉物处分权"讨论的基础上，对介于程序性涉物处分权与实体性涉物处分权之间的过程性涉物处分权和"准终局性"涉物处分权的分权与制衡展开研究。

介于两者之间的过程性涉物处分是指偏向程序性的临时处置，是一种有待终决的措施，先行处置是其主要表现形式；而介于两者之间的"准终局性"涉物处分是指偏向实体性的具有准终局性处置，是一种先于"诉讼终结"的终局性处置，先予执行（先予返还被害人财物）是其主要表现形式；另外还有对涉物处分措施状态具有延续作用的其他保障性措施，保管是其典型代表。鉴于保管问题的相对独立性和特殊性，本书将在第七章专门探讨。本章着重将"先行处置"和"先予返还被害人财物"作为介于实体和程序性涉物处分的代表予以论述。

第一节　介于前两者之间的过程性涉物处分

一、关于"先行处置"及拟探讨的范围

本章选择实践中亟待完善的涉众型经济犯罪涉案财物管理问题作为切

---

[1] 参见田力男："涉众型经济犯罪涉案财物先行处置初探"，载《法学杂志》2020年第8期。

入点，以"先行处置"作为介于实体与程序性涉物处分的代表进行论述。至于"处置"的含义及范围稍有争议。2015 年中共中央办公厅、国务院办公厅《意见》中提及的涉案财物"处置"措施比较广泛，基本跨越诉讼全程，包括查封、扣押、冻结等程序性行为，以及追缴、责令退赔等司法裁决（司法终决性处分）及程序，但对"先行处置"仅界定为类似"先行变现"以保全经济价值的措施。笔者认为特定情况下诉讼尚未终结而针对涉案财物的"先行处置"既有"过程性处置"也有"终局性处置"。如前文所述，笔者将其称之为介于程序性涉物处分与实体性涉物处分之间的过程性处分。

本节的"先行处置"侧重于审前阶段的程序性行为，将具体探讨：极特殊情况下针对涉众型经济犯罪涉案财物应完善先于"立案"的处置或先于"授权"的现场处置制度；以及狭义的先行处置（包括先于"诉讼终结"的过程性处置与其他"保增值性"先行处置）等两方面内容。

二、先于"立案"或"授权"的处置

（一）对涉嫌电信网络诈骗案件相关账户的"紧急止付"

1. 现有实践中的两种典型模式。第一，应申请而为型。2016 年 6 月起通信类诈骗涉案账户可被公安机关等采取"紧急止付"的处置措施，其依据为中国人民银行、工信部、公安部、工商总局（现为国家市场监督管理总局）公布的《关于建立电信网络新型违法犯罪涉案账户紧急止付和快速冻结机制的通知》（后简称"四部门《通知》"）。该通知主要规范由报案申请"紧急止付"情况下公安机关与金融机构的协作处理。实践中，笔者调研了解到公安机关牵头联合各银行、电信部门及第三方支付平台等企业共同组成反电信网络诈骗中心。在此四部门《通知》公布前后，公安刑侦部门对电信诈骗涉案账户"紧急止付"多为被害人申请后在立案前采取，具体通过相应管理平台发布"紧急止付令"，金融机构审核信息一致后紧急暂停该账户接受支付直至 48 小时。据此，公安机关可延伸止付及于转账后的账户，相应增加每次延伸止付期，并于总止付期内作出立案与否的决定。立案后即可"快速冻结"。

第二，主动出击型。实践中经上级机关授权后，有的地方公安机关在与金融机构合作下在反电信诈骗平台内成立"查控中心"，主动出击、紧急拦截被骗资金。当电信网络诈骗实施后（监控中有异常通讯并因此转账），公安刑侦人员发现转账发生且该账号已被"关注"或是之前"掌握"的，即主动采取紧急拦截措施，无须有人申请便拦截止付。[1]

2. 价值论评析。第一，从公民财产权保护的角度，权衡利弊。如果从挽回被害人受损的经济利益、保护已经被骗和潜在受害者财产权角度，可用数据论证支持"紧急止付"制度。如 2016 年 1 月至 9 月，全国电信网络诈骗案件由公安机关侦破 7.7 万起，涉案 4.3 万人，总共为被害人避免 47.5 亿元损失，[2] 其中在当年 6 月份后多通过"紧急止付"制度实现，此前也有部分地区实施了该制度；又如当年 3 月至 10 月在东南某市通过与第三方支付中介企业合作的类似"紧急止付"平台，公安机关破获 1556 起该类案件，紧急止付 212 万元；上述的成效都能说明对电信网络诈骗案这种涉及不特定公众的经济侵财类犯罪通过"紧急止付"这一"先行处置"措施临时处置涉案账户，对打击犯罪、避免被害人经济损失、保护公众财产权等方面具有一定的优势。从相对方的视角，虽然公开的报道中罕见，但未必不存在的"错误止付处置"可能会侵犯接受转账汇款人的经济利益。理论上可能有出于主客观认识错误的报案、限制行业竞争对手的恶意报案或其他报复性报案等，再加上如果公安机关"主动出击"拦截认为属于电信诈骗的转账而可能出现的"好心办坏事"等情况，相对方的财产权就有被不当限制或侵害的风险。从公民财产权保护的角度权衡，并不是可能避免的大于可能造成的经济损失就一定说明该制度的正当性。正确的思路应该是考虑如何完善并具体设计相应措施，最大限度地预防错误、避免不应有的损失，以及提供救济途径挽回不应造成的损失。在此基础上才能证成该制度的正当价值。

---

〔1〕 参见"'紧急止付'制度推向全国，还在等什么？"，载 http://news.ifeng.com/a/20160520/48807756_0.shtml，最后访问日期：2018 年 10 月 2 日。

〔2〕 参见"'互联网+反电信诈骗'钱盾平台发布 可紧急止付"，载 http://news.ifeng.com/a/20161024/50147991_0.shtml，最后访问日期：2018 年 10 月 2 日。

第二，从正当法律程序的角度反思。从程序法定的角度，相关限权性刑事司法行为应严守事先生效的法律程序规范。上述四部门《通知》的法律位阶较低，不属于全国人大或其常委会通过的狭义立法。而实践中突破该四部门《通知》的一些临时措施更缺乏明确的立法性依据。从实质的正当法律程序角度，在正式刑事立案之前采取强制性侦查措施缺乏传统的法理依据，但有必要在一定限度内突破并严格限定。其一，"紧急止付"的法律性质需要澄清。笔者认为从财产性权利被限制的层面，"紧急止付"与冻结具有同质性。前者针对某笔汇款或转账，暂时停止支付到账，理论上该账户在没被限制其他业务之前还可使用其他业务功能，甚至接收其他汇款或转账（只进不出），但实践中很可能被同时短期限制其他业务的正常使用（不进不出）；后者针对"存款、汇款、债券、股票、基金份额等财产"[1]，在针对"汇款"的"紧急止付"或"冻结"时，该笔财产的状态都是被临时控制，不能由任何一方自由支配。两者区别主要在受控期间，"紧急止付"在没有延伸止付情况下为自止付时起 48 小时，[2]冻结汇款及每次续冻均以 6 个月为限。[3]可见"紧急止付"的本质具有"冻结"性，但限制时间的短暂凸显"紧急"性。其二，原则上对"紧急止付"在立案前的初查阶段不应采用，例外为附条件的慎用；在"犯罪预警"阶段应禁用。[4]在我国刑事诉讼法典规定"立案"程序以来，理论和现行法都原则上将限制个人权利的强制性措施（含侦查行为）的适用排除于立案之前。之所以说"原则上"，一方面我国个别单行法在危害性严重的特殊犯罪行为的嫌疑调查（即初查）中允许采用若干强制性措施，[5]况且刑事诉讼法本身有对紧急情况"先行拘留"现行犯先于"立案"的蕴含之意；[6]

---

〔1〕 参见《刑事诉讼法》第 144 条。

〔2〕 参见四部门《通知》之"二（一）2"。

〔3〕 参见 2012 年公安部《公安机关办理刑事案件程序规定》第 236 条。

〔4〕 对"预测警务、初查和侦查三个阶段划分各个阶段可以干预的个人信息类型，并在此基础上配置相应的调查取证措施"的论述，参见裴炜："个人信息大数据与刑事正当程序的冲突及其调和"，载《法学研究》2018 年第 2 期。

〔5〕 参见《中华人民共和国反恐怖主义法》第五章"调查"。

〔6〕 参见《刑事诉讼法》第 82 条。

另一方面，随着实践中大数据的广泛运用，主动型"审查"（调查）以及在初查阶段所取之证广泛适用于诉讼已经逐渐泛化，但有必要厘定在初查前后的公权力的边界及有限例外。笔者认为，传统的理论应随实践的发展有所调适。一方面，涉众型经济犯罪本身对公众的财产权侵害较重，可能造成的危害面较广、后果不堪设想，引入短暂性、条件限制明确的"紧急止付"且局限于立案前、审查后的初查阶段的特定短期内，可作为例外允许。即有限适用的阶段应严格限定，有必要界分"初查"与"犯罪预警"阶段。另一方面，必须明确"紧急止付"的程序要件，即何种情况下才能作为例外进行适用，另外为在实质层面上达到与"立案"同样的限制公权的效果，可以考虑相关改革，以下具体论述。

3. 改制之路。第一，确立改制的原则。首先，法律保留原则。公权机关对公民基本权利的干预应由立法机关制定的法律明确授权规定。其中，财产权无疑是基本且重要的公民权利。在涉众型经济犯罪，如电信网络诈骗中涉案账户往往接受转汇的金额比较大，公安机关在刑事立案审查阶段的初查采取"紧急止付"在理论上应由狭义的法律授权规定。其次，比例原则。公权行使在依法原则基础上，还应选择对公民权影响最小的方式。有学者认为其应以"平衡国家权力与公民权利为核心"[1]，在刑事诉讼中对侦查取证行为的要求具体包括以下四项递进性内容："目的正当""手段与目的匹配""谦抑""成本收益平衡"。[2]最后，平衡保护与平等救济原则。笔者已论因"涉众"等原因，该类特殊的犯罪中"被害人"的经济利益保护尤为重要。"先行处置"的若干突破性改制也正是基于对被害人的挽损或免损。但同样需关照可能被刑事追诉者的正当权利保护，而且诉讼中及立案前的公权行为不当侵犯其财产权等合法利益的，还应考虑赋予相应的救济。

第二，相关措施设计。首先，应将"紧急止付"制度明确写入刑事诉

---

〔1〕 裴炜："个人信息大数据与刑事正当程序的冲突及其调和"，载《法学研究》2018 年第 2 期。

〔2〕 参见裴炜："比例原则视域下电子侦查取证程序性规则构建"，载《环球法律评论》2017 年第 1 期。

讼立法。目前，仅由若干部委联合制订的"通知"尚不够立法的效力。建议《刑事诉讼法》再次修正时将"紧急止付"作为一项制度写入，并规定必要的条件和程序（以下详论）。具体的操作性问题可以留待司法解释、部门规章再补充，但宏观的制度及基本程序应在法典中明确规定。

其次，对"紧急止付"明确限定适用的阶段。即有限适用于立案前、审查后的初查阶段，而在"犯罪预警"相关活动阶段应禁用。需要明确（受案后或主动型）"审查"、"初查"、"立案"以及"预测警务"之间的阶段界限。根据公安部规定，在刑事立案前至少存在以上阶段。[1]至于"犯罪预警"（"高危预警"）是根据大数据建模分析后对犯罪等高危行为的预测预警，起到预防、发现、控制犯罪的综合效果。此种为"预测"进行的相关警务活动即"预测警务"，应主要集中于"初查"之前，体现在主动型"审查"活动中。关键是区分"审查"与"初查"，按照相关解释或规定，初查启动的条件主要为"案件事实或者线索不明，需要经过调查才能够确认是否达到犯罪追诉标准"[2]，并在程序上经"办案部门负责人"批准实行。由此，上述"主动出击型"的"紧急止付"需特别划定适用的时机。公安侦查人员即使有了大数据的统计分析，对异常通信处于"关注"状态时也无权采用"紧急止付"限制相关账户转入或转出存汇款；唯有在具体目标发生具体行为，如转账出现后可进入"初查"阶段，才能有条件地适用"紧急止付"。

再其次，启动适用"紧急止付"的条件需明确限定。上述论及的"主动型"和"应被害人申请型"的"紧急止付"均应明确启动适用的条件。现行四部门《通知》中罗列了被害人应向公安机关、金融机构说明或提供的相关信息，以及金融机构操作前的"核对一致性"审查标准，但缺乏公安机关签发"紧急止付令"而适用该制度的一般性标准。笔者认为应该将两类"紧急止付"适用的条件均规定为"有客观依据的怀疑"，进行"紧

---

〔1〕 参见公安部《公安机关办理刑事案件程序规定》第七章第一节受案、第二节立案。

〔2〕 2014年最高人民法院、最高人民检察院、公安部《关于办理网络犯罪案件适用刑事诉讼程序若干问题的意见》第10条；类似的参见2012年公安部《公安机关办理刑事案件程序规定》第171条。

急止付"最直接目的是避免或挽回"被害人"可能的损失，程序上的意义是"确认或取消怀疑"，以做出立案与否的决定。

复次，完善"紧急止付"的程序要件。在具体程序改进中，最受关注的是制约权力问题。笔者理解，我国刑事诉讼法规定的"立案"程序虽然在世界范围内不多见，但客观上起到了制约公权的效果。域外之所以没有启动刑事程序的专门一道"立案"门槛，主要因司法审查、侦查外部机关的事前审批对强制性侦查行为的约束性较强。我国立法缺失对限制民权的侦查措施的司法性审查与授权制度。"立案"后也多由侦查机关内部不同权级审批与授权实施相应侦查行为。为了在实质层面上达到甚至超越"立案"限制公权的效果，可以考虑提高对"紧急止付"的公安内部审批权级或结合司法审查的方式进行，如一般情况事先呈报、紧急情况补报至上一级公安机关负责人批准，或紧急情况内部授权、事后报同级检察院审查。

从次，完善救济措施。现行四部门《通知》只规定报案者需承担恶意报案对金融机构、接收户主应有的法律责任，同时程序上应签署"承诺承担相关的法律责任书"，但是其他主体是否需要承担相关责任未有明示。笔者认为，除此之外，收款方公民有权就报伪案后账户被止付所受直接损失要求决定采取"紧急止付"的公安机关、实施该措施的金融机构承担连带责任，其向公安机关或金融机构上级机关申诉、控告的，或者向检察机关提出对公安机关的检察监督时只需提出初步线索或材料，进一步的"无责证明"（如公安机关产生"怀疑"的"客观依据"，金融机构执行"紧急止付令"的凭证、"核对无误"的根据等）需由被申诉、控告方负担。再者按照国家赔偿制度，其有权就公安机关的"职务行为"造成的财产损失申请国家赔偿，弥补经济损失。另外，上述情况中收款方公民还应有权通过民事诉讼要求报伪案者赔偿所受的间接损失，以及未获足额赔偿的直接损失。

最后，其他相关途径替代"紧急止付"。以上论述的"紧急止付"为法律层面的改革建议。但公安机关除了维护可能受到经济利益损失的被害方权益，还应从平衡保护、慎重执法、减少执法风险角度，在正当目的下，采取更加谦抑、执法成本更低的其他相关手段替代"紧急止付"。如接到报案后可告知报案人在"紧急止付"决定作出前，可尝试"紧急自救"——通过给该账号的电话银行、网上银行多次错误输密暂时锁定该账户的电话和网上使用方式；或者在决定"紧急止付"前陪同该报案人到银行柜台查询该账户余额，报案人自行为该账户错误输密以暂时锁定其柜台、ATM 机交易等。

(二)涉众型经济犯罪侦查中建议确立特定情况下的无决定书的扣押，配套使用手机 APP 扣押方式

特定情况下的无决定书的扣押有两类：其一，从现行法可推导出的合法方式；其二，因涉众型经济犯罪侦查中"证据及财产保全"的特殊需要下的情况。同时建议具体程序中都同步配套使用手机 APP 扣押的方式，从技术上避免滥权。

第一，对涉案财物采取相应措施的程序法定原则体现在现行立法及部门规章中，结合起来可推出"紧急情况"无决定书可扣押价值一般的物品。特定情况下允许现场指挥侦查者决定扣押（源自刑事诉讼法、公安部的现行规章），[1]在先行拘留或逮捕的执行中遇"紧急情况"[2]，可无证搜查，并在此搜查中由现场指挥者决定扣押价值一般的涉案物品，且以不严重干扰正常生产或生活秩序为限。

第二，因涉众型经济犯罪侦查中"证据及财产保全"的特殊需要下的考虑，建议对上述"无决定书的扣押"情况扩展至"财物经济价值较高"，不采取临时扣押达到"证据及财产保全"状态将会使被害人权益造成无法挽回的损失，且影响诉讼顺利进行而临时扣押不会影响"正常办公和合法生产经营"的情况；再辅之以事后 24 小时内补报县级以上公安机关负责人审查，补办扣押决定书等相关手续。理由如下：首先，对于非法吸收公

---

〔1〕 参见如《刑事诉讼法》第 82 条（先行拘留）、第 138 条第 2 款（拘捕时紧急情况无证搜查），《公安机关办理刑事案件程序规定》第 124、125 条（先行拘留）、第 224 条（无证搜查的具体紧急情况）、第 228 条（搜查中现场扣押）。

〔2〕 可能对实施拘捕人员人身威胁、有损证据等，参见公安部《公安机关办理刑事案件程序规定》第 224 条。

众存款、集资诈骗、电信网络诈骗等涉案财物中有些小型的动产或移动便利的大型动产、企业整体作为涉案财产之中的局部财物，电子产品类贵重物等兼具证据与财产价值，经济价值又比较重大，而且容易被藏匿、转移或者变现，这部分财物因"经济价值较高"成为保障被害人权益，进行"追赃挽损"或者对损失"等额退赔"的重要来源。如果非按照严格的报批程序、以扣押决定书为依据扣押，则较大经济价值的财物很可能被尚未达到拘捕条件的犯罪嫌疑人或其他人提前处理而难以挽回。其次，"财产保全"在附带民事诉讼中系法院有权采取的法定措施，但涉众型经济犯罪属于"非法占有、处置"[1]被害人财产而不允许提附带民事诉讼，只能"追缴或者责令退赔"[2]，而不增加"财产保全"十分不利于判决后的法院执行，影响诉讼公正最终的实现。[3]再其次，涉及"正常办公和合法生产经营"的"经营性"涉案财物不得临时扣押，甚至需要特殊的处置（后文"过程性处置"详论）。最后，先行扣押属于临时的"证据及财产保全"，仍需及时补报有权机关审查，否则对未经补批或不批准的情况，相关权利人有权获得在此期间内的损失赔偿，救济途径同"紧急止付"中所提建议。

第三，对上述建议无决定书扣押的情况，应创新采用手机 APP 扣押的方式。具体实施程序仍需满足刑事诉讼法的具体要求[4]，现场制作对涉案财物采取扣押的文书材料时，办案人员应当使用手机终端系统（手机扣押 APP）现场制作，并以无线便携打印机生成书面"清单"[5]以及"扣押待决定书"（待补报补批文书）办理准扣押等手续。这样既规范现场临时扣押、确保证据的效力和"证据及财产保全"效果，又以技术化方式固定书面凭证、对暂时无证扣押形成一定的制约，防止公权滥用和公民财产权受损。

---

〔1〕 2021 年《高法解释》第 176 条。
〔2〕 2021 年《高法解释》第 176 条。
〔3〕 如据调研发现现有非法吸收公众存款或集资诈骗执行中实际退赔率有的不足三成（E 租宝案待还金额仅为被害人本金的 20%～25%；甚至有的统计后平均追赃率不到 18%，参见朱江等：《涉众型经济犯罪剖析与治理》，法律出版社 2014 年版，第 24～25 页。
〔4〕 参见《刑事诉讼法》第 142 条。
〔5〕 笔者所在课题组 2016 年至 2017 年为 S 市 B 区起草、修改试点细则时提议。

三、先于"诉讼终结"的过程性处置与其他"保增值性"先行处置

(一)涉众型经济犯罪诉讼终结前"过程性处置"与其他"保增值性"先行处置的现有规则

对涉众型经济犯罪的涉案财物在诉讼终结前还应采取"保值"甚至"增值"性的先行处置。虽然对相关涉案财物本身已经"处置",但就整个诉讼而言则可视为在诉讼过程中的处置。保增值性先行处置是对保管的必要且合理的延伸。其中保值甚至增值性的托管、经营等创新方式可能先于"已有制度和实践",甚至先于"权利人"作出经营策略选择等,亟待理论结合实务进行研讨。

笔者梳理相关司法解释或单行规定,2014 年三机关对非法集资类案的适法意见规定该类涉案财物中"易贬值及保管、养护成本较高的"[1]可先行以"变卖、拍卖"方式"变现",价款保管至诉讼终结后处置。[2]2015年中共中央办公厅、国务院办公厅《意见》要求完善(过程性)先行处置程序。[3]2015 年公安部为落实中共中央办公厅、国务院办公厅《意见》,修改涉案财物管理规定,如侦查中"允许当事人使用"与"保值保管"的定位都有利办公和生产经营活动。[4]2018 年最高人民检察院、公安部最新的关于经济犯罪办案规定首提对"经营性涉案财物"的委托"代管",但"必要时,可以申请当地政府指定有关部门或者委托有关机构代管"[5]规定得比较原则,在借鉴域外经验、引入我国的同时稍显操作性上的欠缺。总体而言,此类规则在不断完善与进步。目的论上,对保障被害人财产权具有积极意义;价值论上,以财产保全达到"物尽其值"与使诉讼正常进行的证据价值之间取得了相对平衡。但实践中还是暴露出规则本身抽象与

---

[1] 2014 年最高人民法院、最高人民检察院、公安部《关于办理非法集资刑事案件适用法律若干问题的意见》第 5 条第 4 款。

[2] 参见同[3]。

[3] 参见 2015 年中共中央办公厅、国务院办公厅《意见》第 7 条。

[4] 参见 2015 年公安部《公安规定》第 6 条第 2 款。

[5] 2017 年最高人民检察院、公安部《关于公安机关办理经济犯罪案件的若干规定》第 50 条。

粗疏的不足。

（二）涉众型经济犯罪诉讼终结前"过程性处置"与其他"保增值性"先行处置的"实践虚化"

1. "实践虚化"的现状。笔者在 2018 年度上半年集中调研了我国东、南、西、北等地从一线到四线的多个地市，总体而言实践中对涉众型经济犯罪涉案财物的"过程性处置"，尤其是"保增值性"先行处置尚处"实践虚化"状态。对涉案财物"先行处置"的地方具体操作性规范及典型案例目前整体上缺失。有的地方仅存在对涉案易腐坏个别农产品的先行变卖处置情况。还有地方的个别办案单位对生鲜产品先行变卖处置。先行处置细则方面主要在重复公安部现有规定。

至于委托第三方参与涉案财物管理与处置的问题，目前仅有个别地方执法实践有零星体现，也只是局限在涉案机动车辆管理中引入部分"第三方"管理。如有的涉案车辆停放场地是公安机关自建的，由公安行政部门委托某公司安保工作人员进行看管，保证相关车辆的安全、不丢失。相关公司及人员只负担看管责任。公安机关与其是一种什么关系还未十分明确。虽然类似劳务关系，但是否定性为购买社会化服务仍有待澄清。

而在调研问及涉案财物的保值增值方面有何需求与经验时，多地公安司法机关均表示此方面基本没有什么经验，相关规定及实践都处于探索阶段，罕有实际案例可循。基本的共识是某些领域有必要引入并强化实施保值甚至增值管理，比如在涉案车辆等价值易贬损的财物上需要保增值的可操作性制度等。

2. 影响涉案财物先期处置的因素。涉案财物先期处置虽有比较笼统的规定，但实践中缺乏可操作实施的具体规则。如在涉众型经济犯罪案件中先行处置涉案物品或财产权利凭证往往可以保值、部分兑现退赔损失，但是先行处置的职权及责任不明。一旦涉案物品贬值及追赃不力会导致不能挽回损失。

影响涉案财物先期处置的因素概括起来大致包括：办案机关及工作人员有的感觉"费力不讨好"，担心如果过早处置不当，则会惹责任上身、节外生枝；虽然刑诉法中规定的目的有"保护人民"，但具体是为维护谁的利益而执法？由谁操作实施？现实中没人主动承担；客观现实因素是即使到了执行阶段公安机关一般也不参与实际拍卖，诉讼过程中更没有拍卖的经验，地方公安机关一般尚未制定拍卖的具体规则，这些都导致公安机关无法实施"先行处置"；[1]再者先行处置涉案物品本身特殊的专业性问题较多，且需要承担一定的不利益风险，尤其是企业整体作为涉案财物的、不动产类、财产性权利凭证等处理比较难，如何实现法定的"保值"，甚至理想化的"增值"目标，迄今未有此方面先行处置的实务案例……总之，既无具体法律法规及可操作性细则，也无经验可循。

（三）涉众型经济犯罪诉讼终结前"过程性处置"与其他"保增值性"先行处置难题的解决思路

首先，将"增值"与"保值"一并规定于涉众型经济犯罪涉案财物管理法规的目标条款中，并适用于市场价值波动较大的涉案财物。涉案财物的保值是保护财产权的应有之义，我国现有规定也要求对易贬值物等采取"先行变现"之类保值措施，同时明确要求实现"保值"保管。[2]保值本身也体现出对保管机构技术性与中立性的要求。笔者曾论建立跨机关保管机构并建议由办案机关外的机构承担保管工作，且已论证具体改制方案，"保值"问题基本给出了对策。[3]而通过保管"增值"看似超越了诉讼活动范畴却又在世界范围内较为多见。[4]笔者认为我国实践中目前应着力解决涉案财物"保值"问题，但"增值"应为趋势，尤其对比较特殊的涉众型经济犯罪而言，待配套制度完善后可考虑以"增值"为目标。"增值"作为涉案财物由第三方保管之余、经管后的重要"衍生品"，可节约国家财政资金；"增值"所保护的财产权不仅包括物权，还有债权，保护对象

---

[1] 当然政府一般都有拍卖的规定，包括拍卖的专门网站；据悉有的地方法院目前通过"淘宝网"等途径公开拍卖。

[2] 参见如 2015 年公安部《公安规定》第 6 条等。

[3] 参见田力男："刑事涉案财物保管与处置新制研究"，载《法学杂志》2018 年第 8 期。

[4] 如"八国集团"、英美法系有国家确立的犯罪资产接管制，在保全基础上，通过多种方式盈利并供给各方。参见刘文峰：《犯罪收益独立没收程序研究》，中国政法大学出版社 2016 年版，第 206~208 页。

覆盖当事人、案外相关者。如果能在涉案财物权属及实体处置确定前令其"增值"并最终用于上述目的，将使各方皆受益。虽然我国暂无规定"增值"，但财产价值最大化在该类犯罪的以下涉案财物中有实现的基础和现实可能性，如"复合性"、影响生产经营的企业整体性资产作为涉案财物的，以及价值波动较大的不动产、财产权利凭证等。反之，若不采取特殊的措施管理，其不仅实现不了"增值"，有的在价值波动后甚至连"保值"也难完成。简言之，在涉案财物市场价值变动的过程中不及时"先行处置"的，可能导致"不增则贬"的结局。增值是一项专业工程，关系到财产权益及分配。在公检法保管及单独的中立政府方保管模式下，管理人员都普遍缺乏增值方面专业知识和经验，不能胜任。可以预见，当社会化资本运营等机制、制度、具体机构更加成熟稳定时，交予专业机构或以保管方与社会方合作等形式管理某些涉案财物将有利于实现先行处置的"增值"目标。

其次，健全解决涉案财物保值增值问题的制度，从主体建制角度，建议建立国有的涉案财物（资产）管理公司，同时鼓励市场设立不同行业领域的社会化涉案财物（资产）管理公司，以及开展PPP（Private-Public Partnership）项目。大陆法系有的国家专设国有机构委托国家信托投资公司经管涉案财物，国有机构自身也被司法机关委托经管涉案财物。[1]我国该类犯罪涉案财物先行处置中的前述种种困境即源自制度层面的缺失，虽然目前有国有资产管理公司，但主要业务范畴是对应接管、整合或配置国有银行的不良资产。笔者建议：第一，可以拓展国有资产管理公司的业务范畴，或者从中分离出，或者新设专门接管刑事涉案财物的国有资产管理公司；第二，针对该类犯罪不同类别的涉案财物所属行业领域，引导并鼓励市场设立分工更加精细化的社会化涉案财物资产管理公司；第三，建立

---

[1] 如法国的"扣押和没收资产的管理和返还机构"（Agence de Gestion et de Recouvrement des Avoirs Saisis et Confisqués）专门应对"地下经济"（underground economy）犯罪（包括利用网络的非法吸收存款、集资诈骗等），确保在最佳价格时出售被扣押和没收的财产，还可将其"信托"于国有信托投资公司以"增值"，自身也可被司法机关委托经管复合资产。总之，实现自给及盈利。参见"Justice/Portail"，载www.justice.gouv.fr，最后访问日期：2017年8月1日。

涉案财物管理中的"PPP"(Public-Private-Partnership)项目,即政府和社会(私营)资本以"政府对社会资本竞争性选择、双方平等协商、绩效评价、社会资本获利"[1]等为要素开展合作。涉案财物的先行处置引入"社会化"的方式本质就是一种公权机关购买服务的活动,所以借鉴我国在公共服务领域已经推广并深入发展的"PPP"模式有利于涉案财物管理中公安司法机关以合同方式明确托管方的责权义等问题。

再其次,明确先行处置的委托方及其权责义。委托方的权责义一方面取决于其与托管方的托管经营合同条款,另一方面由其自身属性决定。委托方的确定至少有三种选择,其一是办案的公安司法机关,其二是笔者已经建议设立的跨机关专门保管机构,其三是该保管机构所属的政府机关。该问题笔者曾论,认为理论上对涉案财物的处置职权,无论是过程性处置还是终局性处置,都是对"'侦、诉、审'的必然延伸……裁决权都应归'侦、诉、审'的专门机关享有,保管机构不应有处置的裁决权,仅可将有权机关的处置决定具体实施或执行"。[2]另外,在三机关之间是否应仅将狭义的司法机关(法院)作为唯一对先行处置的决定主体,笔者在前文也已论及,目前现实性与可行性兼具的选择为办案机关决定,同时赋予当事人或利害关系人就先行处置向法院提出"司法救济"申请权。其四也是该类处置最特殊的,对三机关实施过程性先行处置的权责义问题,笔者认为既然以"保值""增值"为管理目标,做出相应先行处置决定表面上是权力,实质上更偏向于职责、义务;而且选择"保值"或"增值"的变现契机需要专业化判断,比终局性先行处置更难做出恰当的时机选择。因而笔者建议对市场价值波动较大的特殊类涉案财物过程性先行处置的节点确定权应变通为以托管合同的形式委托给上述建议的托管方主体行使,但出现相关权利人申请司法救济时的责任承担主体应是相应的办案机关。当然,办案机关可以在托管合同中与托管方约定对方承担内部的追偿责

---

[1] 《关于在公共服务领域推广政府和社会资本合作模式的指导意见》(国办发〔2015〕42号)。

[2] 田力男:"刑事涉案财物保管与处置新制研究",载《法学杂志》2018年第8期。

任等。

最后，几种特殊类别涉案财物保值增值具体措施。以下措施在实质处分涉案财物时皆需办案机关保证权利人明确，并经其本人书面同意或者申请〔1〕为前提，且有司法救济的权利申请和保障；相关权利人明确的，在托管后应及时书面告知。第一，对于大型动产且易贬损、需保养的如机动车，建议由办案机关委托4S店等专业保养机动车的机构或者新建的涉案机动车专业管理公司托管。第二，对不动产类涉案财物的处置建议托管给物业公司或建成后的涉案不动产管理公司。第三，对于易腐烂变质的物品、各种鲜活物等建议委托给有资质的组织或单位托管。以上实物类托管的先行处置的具体手段可在托管合同中协定并授权，如出租并将租金储蓄继续获取利息，或对"保管成本—实物价值—收益"衡量后通过保管机构执行拍卖等。第四，对属于生产经营性的复合型企业整体资产，尤其是可能影响合法生产经营及扭亏为盈的，建议委托适格单位经营管理涉案财物，如2018年7月至今，我国百余家涉及非法吸收公众存款、集资诈骗等网贷平台"爆雷"后，政府处置P2P网贷"雷潮"对策之一是让四大国有资产管理公司介入、协助化解风险，具体措施包括收购债权与托管问题平台等。〔2〕第五，对权利凭证，如金融资产、有效期将至的票据等从专业精通与执行便利的角度，建议由金融机构对被冻结的相应账户背后的财产权利托管。至于上述托管的经费来源可以借鉴国外相关经验，理想状态是托管方从盈利中按托管合同协议比例自筹提取；当然对于基本呈"保值"没有"增值"空间的情况，托管经费建议仍主要从公安司法机关的财政经费中按托管合同支付。在各办案机关签订托管合同时应统筹规划，既达到涉案财物本身"保值"以及适时"增值"的目标，也应符合基本的经济规律，为涉案财物管理领域的司法改革提供新机制。

---

〔1〕　借鉴如2015年公安部《公安规定》第21条等。

〔2〕　参见"四大AMC协助化解P2P风险　研讨收购债权与托管问题平台"，载https://tech. sina. com. cn/i/2018-08-16/doc-ihhvciiv8476517. shtml，最后访问日期：2018年10月8日。

第二节　介于前两者之间的"准终局性"涉物处分

前文已论及介于程序性涉物处分和实体性涉物处分前两者之间，偏向实体性的具有"准终局性"处置效力的措施，笔者将其称之为"准终局性"涉物处分。其主要包括返还财产、责令退赔、追缴等类型。以下笔者从涉众型经济犯罪之追诉入手，着重对先予返还被害人财物这一"准终局性"涉物处分的分权与制衡展开讨论。

一、先予返还被害人财物的现行规则与实践异化——以涉众型经济犯罪的追诉为侧重点

包括电信网络诈骗在内的涉众经济犯罪，在诉讼终结前对所管理控制的涉案财物中被害人财物的先予返还"精神"或"制度"在我国不同层级的法律规范中有所体现。笔者梳理发现，虽然对先予返还被害人财物几乎都严格限定程序要件，但对于"电信网络诈骗"的先予返还更为鼓励，对其他"涉众型经济犯罪"的先予返还规则相对保守。相关法规完善细化的简要过程如下：2011年专门针对诈骗的司法解释规定相关涉案财物于案发后权属明确则应发还、不明的将按比例发还[1]；2014年三机关对非法集资适法意见表明该类涉案财物以"诉讼终结后返还"为原则、排斥民事执行申请、跨区分案的按统一方案处置；[2]2015年中共中央办公厅、国务院办公厅《意见》以"权属明确""不损害他方利益""不影响诉讼进行"为及时返还条件；[3]2015年公安部贯彻中共中央办公厅、国务院办公厅《意见》，对返还增加"实体事实查证属实""证据证明权属明确、无争议"

---

〔1〕 参见2011年最高人民法院、最高人民检察院《关于办理诈骗刑事案件具体应用法律若干问题的解释》第9条。

〔2〕 参见2014年最高人民法院、最高人民检察院、公安部《关于办理非法集资刑事案件适用法律若干问题的意见》第5、7、8条。

〔3〕 参见2015年中共中央办公厅、国务院办公厅《意见》第6条。

等前提，且进行证据固定措施（"登记、拍照或录像和估价"）;[1]2016年中国银监会（现为中国银保监会）、公安部专项通知赋予电信网络类犯罪的被害人申请返还冻结的涉案资金，返还标准为其合法财产"权属明确无争议"[2]；2016 年三机关对电信网络诈骗等适法意见重申合法财产"权属明确"的及时返还规则;[3]2017 年最高人民检察院、公安部对经济犯罪办案最新规定要求公安机关对涉案财物除法定例外"不得在诉讼终结前处置"，对涉众型经济犯罪的涉案财物原则上"统一资产处置"[4]，对诉讼终结前返还的具体条件和程序吸收汇总了之前相关规定。

　　以上规则虽然尚未被正式的立法吸收，但整体上基本符合诉讼规律。其他"涉众型经济犯罪"的涉案财物因归属主体复杂，案发时可能尚未全部查明，且不够足额退赔广泛的潜在被害人；而"电信网络诈骗"虽也有此情况发生，但案发时涉案账户还可能暂时面向单一受害主体而被"紧急止付"，涉案账户资金相对容易查明和确权，不妨碍其他权利实现或诉讼证据的固定。因而目前规则呈现出对"电信网络诈骗"更倾向及时先予返还，且条件和程序相对简单；对其他类涉众经济犯罪涉案财物的先予返还条件和程序稍显复杂。

　　但实践中两类均呈现异化，并未完全达到上述规则的预期。一方面，据个案报道和媒体的检索统计发现，电信诈骗被"紧急止付""快速冻结"涉案账户后，被害人在侦查终结前甚至诉讼终结前想及时获返被骗财物却遇"周折"。如"全国类似事件不少受害人都在拿回钱上犯难……类似……案例，在全国各地都有发生，很多被害人在庆幸及时冻结账户资金的同时，也要为如何取回自己的合法财产而不停奔波"[5]。另一方面，对其他

---

　　〔1〕　参见 2015 年公安部《公安规定》第 19 条。

　　〔2〕　参见 2016 年中国银监会（现为中国银保监会）、公安部《电信网络新型违法犯罪案件冻结资金返还若干规定的通知》第 6 条。

　　〔3〕　参见 2016 年最高人民法院、最高人民检察院、公安部《关于办理电信网络诈骗等刑事案件适用法律若干问题的意见》第七部分，涉案财物的处理。

　　〔4〕　参见 2017 年最高人民检察院、公安部印发《关于公安机关办理经济犯罪案件的若干规定》第 46 条。

　　〔5〕　参见"乱点手机短信链接　银行卡近 2 万元被盗"，载《西安晚报》2016 年 6 月 3 日，第 7 版。

涉众经济犯罪而言，办案机关则鼓励以"变通"方式，尽量在审前实现各种形式的先予返还或财产性价值保全。如据调研，实践中侦查人员希望通过"先行变现""先行变现保全"等形式返还被害人或为最终执行提供保障。其初衷是善的——为达到被害人获赔和被追诉人减少犯罪所得数额以减轻刑事责任的双赢，但客观上没有严格遵从既定规则。

二、对部分实践异化的分析与具体应对建议

笔者认为以上实践中异化的种种倾向应具体分析，分析的前提除了价值判断之外，还应基于涉案款物属于种类物抑或特定物，涉案财物作为证据的作用，以及所有被害人利益均衡，对后续诉讼进程的影响等。总体而言，涉案财物的经济价值较大、权属明确，被害人均查实或对已知的被害人权益影响重大，而以其原物展现的证据价值不大的应纳入"先予返还"的制度设计范畴。

（一）电信网络诈骗类的"紧急止付"钱款不先予返还的分析与应对

电信网络诈骗中"紧急止付"的都为账户内的转账、汇款，应为种类物，不需在法庭质证中出示"原物"，返还确定的被害人后可通过其他方式将证据固定。该类涉案钱款作为证据对诉讼进行的影响主要取决于该案是否涉及其他未知的被害人，即犯罪事实中涉案账户款项权属是否全部清晰。当一个账户内的钱款"涉众"且有不特定的其他被害人或其他可能的，笔者认为只要申请返还者及其被骗金额能查实确证、返还的占比即能确定，仍应按比例先予返还；反之，则不能。综上，此类实践中的"异化"无正当性。笔者建议赋予此类被害人"先予返还"救济权，对应予返还不执行的，被害人有权向同级公安机关复议、向其上级要求复核，或者申请启动检察监督；同时建议增加其向法院申请"先予返还"裁定的请求权，并交公安机关实施。但如果向法院提出救济的，被害人需要提供证据证明涉案账户内的钱款归属。至于出现"先予返还"错误的，相对人（如犯罪嫌疑人）或利害关系人的财产权救济问题前文已论。

（二）其他涉众经济犯罪先予返还涉案财物实践异化的分析与应对

其他涉众经济犯罪返还涉案财物实践异化为"先行变现"或"先行变

现保全"，具体表现为：有的侦查人员对本应当查封、扣押、冻结的涉案财物没有采取相应管理措施，而是要求犯罪嫌疑人自行对涉案财物"变现"并返还被害人；有的侦查人员对犯罪嫌疑人按以上"变现"后的金额冻结在该嫌疑人账户或侦查机关设立的固定账户，待诉讼终结后处置；还有的促成犯罪嫌疑人以其合法财物"变现"后等值返还被害人等。第一类"先行变现"返还的问题在于犯罪嫌疑人自行选择先行（或按比例）返还的对象，涉及的其他被害人损失可能无法得到弥补，而且侦查人员似乎有为减少麻烦、逃避对涉案财物保管或管理等方面的原有职责之嫌。第二类"先行变现保全"实质为先于诉讼终结的"过程性处置"，其把相关规范要求的特殊情况的"财产保全"泛化且交予犯罪嫌疑人自行处理，问题在于可能损及涉案财物中"特定物"的证据性价值。另外，虽然犯罪嫌疑人一般有动力和意愿尽量退赔以折抵涉案金额，但前两类中侦查人员都把先行处置涉案财物的主动权让渡，仍有犯罪嫌疑人自行处置中转移涉案财物、隐匿真实价值，最终有损被害人利益的可能性。第三类做法比较符合现行规定，[1]但在"涉众型经济犯罪"中尚需侧重考虑"涉众"的因素。

　　综上，建议对"先予返还"制度补充完善，并增设"先予执行"制度，专门适用于该类犯罪对涉案财物的先行处置，具体制度构成及理由如下。

　　第一，出现上述问题的根源在于没有中立机关作为"先予返还"的裁决主体，司法审查制度性缺失。但从目前改革的可实施性角度出发，适宜交由办案机关决定，同时考虑如何制约侦查滥权、保障相关权利主体的救济。理论上诉讼终结前对涉案财物的"先予返还"性质上为对诉讼客体的终局性处理，应属司法终决的范畴。无论从实质上契合诉讼规律，还是从法治建设的长远发展，或者与国际通行的诉讼规则接轨等方面考虑，未来都应将干预处分公民人身、财产等基本权利的诉讼内公权手段或措施进行预先的司法审查和授权。但是我国至少在此领域目前改革的趋势是强调效

---

〔1〕　参见 2015 年公安部《公安规定》第 23 条所规定的"退、赔款物"做法。

率，[1]这也从侧面反映出司法资源有限与案件负荷量重的矛盾制约理想化的制度设计。我国若将审前对物的审查与裁决都交予法院，而不是对案情最了解的办案机关，确实难以达到"先予返还"及下文将论的"先予执行"的迫切性需求。再者，国外也大量存在审前对公民财产甚至人身权先紧急处分、事后司法审查的规则与实践。如果从现阶段改革成本、实施效果与效率、规范实践并便于操作等角度考虑，不妨将"先予返还"决定主体规定为办案机关，再辅之以当事人的司法性救济权，以类似事后司法审查的方式制约。因笔者已建议设立涉案财物的跨机关保管机构，[2]改革后具体保管职能已不再由侦查人员行使，但"先行处置"的决定权配置的底线是不能让渡给犯罪嫌疑人，包括"变现""返还"等，否则容易损害涉案财物的证据性价值而影响诉讼进行，对所有被害人财产权也未能周全保护。综上，目前的可行性较强的选择为办案机关决定。但当事人或相关权利人有权就此"不作为"或"乱作为"向法院提出"司法救济"申请，属于针对刑事诉讼程序中侦控机关的公法行为专门设置的一项程序性救济手段，[3]该程序相对独立，而且可考虑吸收国家赔偿制度的内核，合并为法院对审前错误处分相关涉案财物进行裁决赔偿的一种司法性终决制度。

第二，对"先予返还"制度补充完善，一般只对满足条件的涉案钱款和特定物"先予返还"，不损及他方利益，以达到保护所有被害人财产权价值。建议修改对涉众型经济犯罪先予返还涉案财物的条件，对"涉案款项"一般需权属明确且被害人人数确定即可返还或按比例返还已知身份的被害人；对"特定物"一般需权属明确且有证据证明系犯罪所得时即可返还所有权人。但两种情况都需配套进行相应形式的证据固定，如影像资料的留存以备诉讼之需。

第三，增设"先予执行"制度，其适用理由及条件借鉴民事诉讼法中

---

〔1〕 如审前对人身权最严重的干预（剥夺人身自由）即"逮捕"已向"捕诉合一"改革，不仅没有交予法院审批，连检察院内部相对中立的"侦查监督"部门也与"公诉"部门合一，并由同一人完成批捕与公诉。

〔2〕 参见田力男："刑事涉案财物保管与处置新制研究"，载《法学杂志》2018年第8期。

〔3〕 乔宇：《刑事涉案财物处置程序》，中国法制出版社2018年版，第151页。

的相关规定，[1] 达到对特定对象的特殊关照，彰显特殊群体基本人权保障和人道主义精神。当被害人人数不确定时，对本金损失明确的被害人因本人或其系唯一抚养人所抚养者的基本生活（衣食住行）、就医、升学、自主经营维持生活等所需的，情况紧急不先予退赔执行将面临无法度过的生活或生产困境，可向办案机关申请对涉案财物先予执行。此时原则上对其按本金损失占已知被害人损失的比例返还涉案款项。对于涉案物品一般不因此变现处理，以防影响后续诉讼进行。但应返还申请者作为所有权人的"特定物"。之所以没有强调将"涉嫌犯罪事实查证属实"作为必要条件，是因为"本金损失明确"至少有民事上的侵权或债权债务关系发生，为了生活或生产"救急"有"先予执行"的紧迫性；不变现处理涉案物品是考虑到其作为证据证明案件事实、确定刑事责任的重要性，以此平衡关照生产生活困难者与证据裁判下刑事办案保全证据的需求。当然如前所论，相关权利人（包括利害关系人）有权向法院提出司法救济申请，如果法院事后审查裁决不符合"先予执行"条件的，可令作出决定的办案机关承担相应的国家赔偿责任，办案机关有权向责任主体（如主办侦查员、主诉检察官等）追偿。

---

[1]　参见《民事诉讼法》第 109 条、第 110 条第 1 款。

第七章

保管类涉物处分权配置与制衡[1]

介于程序性涉物处分和实体性涉物处分之间的其他措施，主要指保障涉物处分措施状态延续或辅助促进涉物处分实现的一类管理、执行措施。保管是其典型。以下从具体制度层面，通过对我国涉案财物跨机关保管机构之设计与论证，探讨对保管类涉案财物处分权的分权与制衡问题。

中国共产党第十九次全国代表大会报告再次提出"深化司法体制改革"。追溯起来，十八届三中全会《中共中央关于全面深化改革若干重大问题的决定》、十八届四中全会《决定》，都要求通过司法改革来规范"涉案财物"处置程序。《关于完善产权保护制度依法保护产权的意见》又全面部署各种产权的法治保护。刑事诉讼中保管和处置"涉案财物"机制，不但事关刑事追诉顺利进行，以达规范执法、公正司法，还涉及宪法"国家尊重和保障人权"[2]之"公民财产权"保护与涉财司法腐败之防范的问题，这对构建和完善法治国具有重要意义和价值。

本部分论述拟从"刑事涉案财物"保管与处理实践乱象出发，以诉讼开始接收财物为研究起点，探索刑事涉案财物司法新制，以推动司法改革。这部分内容以一般刑事涉案财物，包括涉众型经济犯罪的涉案财物在内的整体保管与处置为研究对象，不仅适用于该类特殊犯罪领域，也从基础制度改革层面适用于整个刑事诉讼。即跨机关保管机构建设的宏观设计

---

〔1〕 参见田力男："刑事涉案财物保管与处置新制研究"，载《法学杂志》2018 年第 8 期。

〔2〕《宪法》第 33 条第 3 款。

与具体方案是本项目研究内容"涉众型经济犯罪的涉案财物管理"的改革之基。

一、刑事涉案财物保管与处置乱象及原因

（一）多数涉案财物积压严重或移送不畅，以致处理延宕

涉案财物理应"物随案走""一案一清"，但实践中多数涉案之物在公安机关"堆积成山"。如笔者在调研西部 C 市 W 区公安机关集中保管涉案车辆的某分支机构保管情况时了解到，其对于新入车辆已经无法接收，其他分支容纳也到极限。据悉，2011 年以来该地刑事涉案机动车自公安机关扣押后，由于各种原因并没有继续随案处置。笔者调研沿海经济较发达 A 市 B 区公安机关，其刑事立案年均 2 万余起；截至 2015 年底辖区内 24 个基层办案单位基本没移送处理、积存的涉案物品 31 532 件，其中小型汽车 598 件，其他多为作案工具、涉嫌假冒伪劣商品等赃证物。物品越积越多，得不到及时处置，价值日益贬损。

分析背后原因大致如下：第一，公安机关并非想保留，而是有的检察院、法院并没有建立专门的保管部门，或虽检、法配有赃证物室，但主观上不愿接收，将法律司法解释中仅"移送清单、证明文件"[1]扩大适用。第二，个别公安机关执法不严、扣押标准不高、入库随意。第三，诉讼终结后仍未将涉案财物处置清理，有的因公安机关疏于移送清单，或清单中记载不全，导致检、法根本不知道还存在涉案财物；或虽法院已裁决涉案财物，但因无信息反馈制度，公安等保管部门并不知晓而无法处置。

（二）有的涉案财物在多机关间往返流转，处置混乱

虽然多数涉案财物在公安机关积压，但另有少部分涉案财物在多部门间往返流转，诉讼各阶段处置混乱。因各机关保管方式、审查标准和接收范围不同，有的证物多次往返流转而后状态改变，影响办案实效。制度上分析，主要因不同机关保管部门无直接业务对接、保管标准多元所致。

这里的处置包括涉案财物进入诉讼后的"过程性"和"终局性"两

---

[1]　参见《刑事诉讼法》第 245 条、2021 年《高法解释》第 441 条。

种。过程性处理中有三机关都不想或争相保管的。如有的检察机关不收，先让公安自己留存处置；有的应退还没及时分流处置，甚至诉讼终结后应终局性处理也没返还。处理混乱的根本原因是三机关的"部门本位主义"倾向，都选择最有利于本部门的方式处理。

（三）不重视涉案财物保管，偶有丢失，或保管物受污损

在很长一段时间内，刑事涉案财物的保管都没有专门、独立的部门负责。时至今日，虽有中央的相关文件，但实践中还是由实际办案部门顺便代管。客观上相关制度和规范不健全，主观上个别办案人员偶有私占的欲念，造成相关财物"不翼而飞"，甚至还有的被调换、受损。公安部"清网行动"取得显著战绩，但有的地方公安机关抓捕犯罪嫌疑人后却找不到昔日的证据。如2012年的"清网行动"，中部X市公安机关移送审查起诉命案97件，其中卷宗全部遗失占9.3%，部分遗失占13.4%，且"有关物证绝大部分均无法找到"[1]。原始物证材料保管失范是通病，当然其中不免存在人为因素，但相关制度存在相应漏洞是主因。

（四）保管场所较落后、无互联网等科技手段支撑、缺乏规范有序管理规定

公、检、法机关都出现涉案财物保管空间不够，利用普通办公室保管的现象。如笔者对南方S市调研发现，每个办案单位保管室面积不到三十平方米，对体积不大物品尚能保管，但已近饱和，对大宗物件，如车辆等只能租用临时的场地存放；且无互联网等技术手段、无科学分类保管规范，更多的只是机械性的寄存、手填书面登记、人工管理。当面对如黄金等贵重或特殊物品时，从安全性角度出发才租用保管箱存放。总之，硬件上缺乏现代化的保管设备；软件上没有互联网等科技手段支撑，在管理和运行上尚欠规范。

---

〔1〕 高兴日、李文涛："关于'清网行动'所涉命案审查起诉工作存在的问题、原因及对策"，载 http://www.xinyang.jcy.gov.cn/yasf/201210/t20121019_967162.shtml，最后访问日期：2017年4月3日。

二、几种解决对策简析

（一）中共中央办公厅、国务院办公厅、检察、公安系统部分对策

2015 年中共中央办公厅、国务院办公厅《意见》要求各专门机关建立与办案系统分离的专任保管制，探索跨"部门"网络平台管理，[1]信息网络共享为改革方向。同年，检察、公安机关各自出台本系统规定。最高人民检察院《高检规定》体现了除现金外涉案财物以案件管理部门保管为原则，[2]办案部门保管为例外，[3]集中保管范围不仅包括自侦案件的物品，还包括外部侦查机关移送物。显然，其尚未着眼于跨越式统一保管，依然倾向于分阶段保管模式。公安部《公安规定》体现集中与分散相结合：管理部门及场所专门化，但集中保管的范围放权于地方公安规定，且允许办案部门负责部分保管、外机构"代管"，[4]采取保管信息系统与执法内网关联模式，[5]改革方向为联合法、检"一体化"保管，即鼓励"有条件的"公安机关与法、检创建实体"共用中心"、制度上"统一管理"。[6]

（二）折中二元模式：办案单位与专门机关"两级保管"

2015 年至今的试点实践中，地方公安机关对涉案财物管理虽尝试指定一个与办案单位分离的相对独立保管机构，但同时在办案单位内也建立保管室。即办案单位保管与独立保管并存的二元模式，或称为"两级保管模式"。如 2015 年全国首家公安代管的共用保管机构于东部 Z 市试点。另外，笔者参与我国南方 S 市 B 区公安分局建设的涉案财物管理创新试点，也属"两级保管"。该区公安分局在建设独立的涉案财物管理中心时要求所属各派出所、刑警等基层单位也建设保管室。完善中的管理细则要求办案人员对涉案财物采取措施后，应当在 24 小时内移交至本单位保管室。除例外

---

〔1〕　参见中共中央办公厅、国务院办公厅《意见》第 3、5 条。

〔2〕　参见《高检规定》第 7 条第 2 款。

〔3〕　参见《高检规定》第 10、12 条。

〔4〕　参见《公安规定》第 8、11 条。

〔5〕　参见《公安规定》第 10 条。

〔6〕　参见《公安规定》第 11 条。

情况，办案单位保管室在对物采取措施后的 7 日内移交涉案财物管理中心。

（三）从长远角度比较彻底的解决方法——建立跨机关保管机构

上述中共中央办公厅、国务院办公厅、最高人民检察院、公安部等文件或规定中的宏观方略，为该领域建制提供指引。试点尚在探索，且有向现实妥协的倾向。针对现实困境，应从统一规范、中立高效、信息化等方面长远考虑改革，以保障证物不变、扎实可靠并保护财产权利。笔者主张比较彻底的解决方法应当是实体上建立针对涉案财物的中立、跨越于专门机关的统一、集中式保管机构。合理定位该机构归属、理顺其与公检法等专门机关关系；围绕涉案财物在诉讼不同阶段的处理问题，明确该机构职能范围，为其制定系列制度规范乃至程序细则；同时从虚拟上配套建设专门的信息管理平台，公检法等专门机关各自内部办案系统涉案财物部分与该平台对接、信息专向推送，保证涉案财物信息安全、通畅、迅捷。总之，依托信息网络平台下的保管机构建设，创设涉物司法新制。具体理论及技术基础包括如下方面。

1. 涉案财物证据方面的"鉴真"与"保管链条"

建立跨机关保管机构，实现专门机关与该机构信息平台对接的运行模式符合以下规律：审判应遵行证据裁判原则，需对证物"鉴真"；审前对证物实行"连续保管"，形成"保管链条"（Chain of Custody）。即保证证据裁判原则的基础——"证据"的"原始不变"。在英美法中，控方有义务证明证据保持原始状态，即在庭审中出示的证物是侦控方指称的最初收集的证据，从证据收集到证据出示于法庭或交实验室检测之间该证据未被改变、调换。美国联邦证据规则对证据"鉴真"（Authentication）制度化，即"为满足鉴真或辨认一项证据的要求，其提出者必须充分举证证明该项证据系已所宣称之物。"[1] 这是检验证据资格的重要形式要件，也是对关联性最起码的外部程序要求，否则不得向事实裁判者出示、更不可能展现证据证明的内容。鉴真只是解决形式上可否进入法庭审判，至于其证明价

---

[1] See Federal Rules of Evidence（2015 ed.），Article IX. Authentication and Identification，Rule 901（a）.

值留待法庭调查、辩论等程序后，由事实裁判者自由心证。当然，鉴真并非与证明力完全"绝缘"。一般情况单纯鉴别证据载体不会验证内容，但当载体是对其他实物证据的记录和反映时则实质上也保证证据内容的真实性。[1]总之，鉴真直接保障被告在审判中质证权，是质证的"前奏"，其着眼于程序公正，在根本上保障实体公正。大陆法系国家对此通常无专门规定，而是蕴含于职业法官对证据调查的程序之中。[2]

种类物的"鉴真"主要通过证明"保管链条"或"监管链条"（chain of custody）的成立而实现。"连续保管"制要求各保管环节组成连续、闭合的"保管链条"。提取证据后除有的交付鉴定，大多原物最终需向法庭出示。这主要需证明证据移转的"易主"情况及各自安置证据的状态，凡控制过证据者不仅要证明前后阶段连续、还要证明各自保管期内证据保持原态，无被调换、更改发生。[3]保管期内"锁链"环环紧扣，任意流转阶段的保管物品与最初不同的都将中断"保管链条"，可能导致"鉴真"失败。就此作证人员包括收集者、运送者、实验分析者、保管者、提交者。美国实践中为了简化这些繁杂的锁链，很多要求取证的警察直接将涉案物送交警局的证物存储柜并登记，或者送往鉴定分析实验室，再由相同警察将该物取出或取回，进而提交法庭。[4]

可见，以美国为例，诉讼中对证据的保管不排斥单一主体，甚至可一

〔1〕　参见陈瑞华："实物证据的鉴真问题"，载《法学研究》2011年第5期。

〔2〕　如《德国刑事诉讼法》第244.2条"为了调查事实真相，法院应当依职权将证据调查延伸到所有的对裁判具有意义的事实、证据上"。参见《德国刑事诉讼法典》，岳礼玲、林静译，中国检察出版社2016年版，第106页。此系法官的查明义务，据德国联邦最高法院判例，查明"应当涵盖法院获知的或应当获知的、须运用一定证据加以证明的情况"。参见宗玉琨译注：《德国刑事诉讼法典》，知识产权出版社2013年版，第194页。因此，法官如有疑问或查证申请人提出，调查证物的原始性乃应有之义。另外，德国法特别强调法官的"调查职权"，如《德国刑事诉讼法》第86条法官勘验。从我国庭审强化控方举证责任、强调"审判中心"及庭审实质化、尝试确立证据规则等趋势，且为法官审查判断证据提供可资参考的操作指引角度，美国"鉴真"制更有实际借鉴意义；况且我国已有司法解释向"鉴真"制靠拢。

〔3〕　See Bryan A. Garner, *Black's Law Dictionary*, Standard Ninth Edition, 2009, p.260.

〔4〕　参见［美］诺曼·M.嘉兰、吉尔伯特·B.斯达克：《执法人员刑事证据教程》，但彦铮译，中国检察出版社2007年版，第404页。

直在警方证物存储柜保管。但因鉴真规则，审前动议中辩方可提出保管链断裂，攻击控方证据可采性。必要时包括警察、所有接触或管控过该证据的办案人员都需出庭作证。但笔者之所以不主张在我国将涉案财物保管职权完全交由公安机关一家，而是由第三方承担，除了下文将论述的重整职权配置、公安独管的弊端外，在"证据裁判"方面主要因我国推进"审判为中心""庭审实质化"改革，应强化对证物实质"鉴真"，故需从根本上确保证物在诉讼中"原始不变"。我国立法虽无直接规定鉴真，但司法解释已有所体现、初具雏形，[1]集中体现在法官对证据的审查与认定上要求审查物证、书证来源、收集方式等，包括"在收集、保管、鉴定过程中是否受损或者改变"[2]。但因我国证据保管原则上为分段、移送、推进式，并以"文书化"的形式展现，法官一般通过笔录清单类法律文书审查，控方通常无须以实质、严格的保管链方式证明。实践中，侦查勘查、搜查笔录、扣押清单等笔录性证据满足法定要件即可，而且法律允许即使收集提取物证书证的程序严重违法，也只应"予以补正或者作出合理解释"[3]。因现行法只要求收集证据时制作文书，而不要求对运输和保管等各自流转的情况记录入卷，自圆其说并不难。况且现阶段连法定的证人出庭、警察出庭说明情况都不能保证，遑论尚无规定的保管者出庭问题。在推进以审判为中心的诉讼制度改革下，伴随审查言词证据时贯彻直接言词原则、强制证人出庭规则，对实物证据的认定也需实质审查证物的连续保管情况，借此根本改变以法律允许"修补"文书的方式"伪鉴真"。在建立跨机关的保管机构后，无论控方证明，还是法官通过内网链接进入保管机构的信息平台审查，涉案证物的流转情况都一览无余。且接转手环节较少，保管方中立、保管人员相对固定等都是建立保管机构便于形成闭合保管链的优势。

2. 诉讼权力合理分配与财产权保护

公民私有财产权受国家保护乃法治国家通行之原则，强制侦查限制私

---

〔1〕 最早如 2010 年《关于办理死刑案件审查判断证据若干问题的规定》第 6、27、29 条对物证、书证、视听资料、电子数据着重审查的内容。后为 2012 年公布的《高法解释》借鉴。

〔2〕 2021 年《高法解释》第 82 条。

〔3〕 参见《刑事诉讼法》第 56 条。

权一般需经司法授权。我国侦查阶段虽暂无司法介入，但"私产保护"早已入宪，国家宪法和法律保护公民合法财产不受非法侵犯。[1]本书所探讨的涉案财物保管、处置机制，需厘定刑事司法中对涉案财物保管、处置的诉讼权力分配。公权配置合理才能令公民合法让渡私权。因本书立足诉讼中对物之保管视角，逻辑起点是物已依正当程序进入诉讼，从开始接收物展开。对物保管及处置职权配设应符合保护财产权以及权力制约原理。首先，公安司法机关职权不包括财产"保值"管理，其亦缺乏专业"保值"的能力。刑事诉讼中三机关职权法定，[2]"侦、诉、审"三权最为核心。保管是行使提取、扣押等侦查权后的技术性看管行为和持续状态，且提及对"财物"进行"保管"时，从涉案财物的财产性价值保护而言，应有"保值"内涵。但"侦、诉、审"职权本身都无"保值"的属性；三机关本身也无此业务技能。多数涉案财物兼具"证物"与"财产"两面性，财产性的贬值也会伴有物的改变，需特定机构以专业知识和经验实现保值。其次，出于制衡权力、部门利益无涉的中立角度考虑，某种程度上办案机关还应远离保管——正如公安抓捕人却不应由承担举证责任的侦控机关继续看管人的逻辑相同。再其次，既然保管非"侦、诉、审"职权本质上所必备，且三机关普遍"案多人少"、办案资源紧张，[3]为何不将"保管"这一偏事务性的职责及管理成本尝试转移给其他方？同时三机关将集中力量于案件侦、诉、审业务。这样既使三机关强化办案主业，更符合司法改革专业化趋势，又使保管权责明晰，一旦财产权需救济将有确定的责任主体。复次，此种配置将是对党的十八届四中全会《决定》中"优化司法职权配置"[4]和党的十九大报告提及将司法改革"深化"的体现。《决定》强调"司法行政机关"在内等四机关权力"配合""制约"进行刑事司法，

---

〔1〕　参见《宪法》第 13 条，《民法典》第 267 条。

〔2〕　参见《刑事诉讼法》第 3 条。

〔3〕　案多而司法资源少被称为"政法机关的一个老大难问题"，参见张洋："大数据办案 精准又公正"，载《人民日报》2017 年 7 月 10 日，第 6 版。

〔4〕　即"优化司法职权配置。健全公安机关、检察机关、审判机关、司法行政机关各司其职，侦查权、检察权、审判权、执行权相互配合、相互制约的体制机制"，参见党的十八届四中全会《决定》四（二）。

为改革诉讼权力分配提供方向。笔者认为可将偏向于行政事务性的"保管"权责从传统三机关中抽离，赋予"财产保值性"更专业的中立行政机关，但未必是"司法行政机关"，待后文详细论证具体归属。最后，世界范围内诉讼中引入其他机构对涉案财物专业保管，以保值甚至"增值"并不罕见。如区域性美洲国家组织及英、美、泰、哥伦比亚等国确立对犯罪资产管理的"接管人"制，不仅保全资产，还有"出租""经营"等管理以支付接管者报酬、被告开支、偿债等。[1]再如法国的司法部、财政部监管的公共行政性的"扣押和没收资产的管理和返还机构"（Agence de Gestion et de Recouvrement des Avoirs Saisis et Confisqués）经管刑诉中被扣押等财产，通过信托等方式"增值"，且可供给本机构运行。[2]笔者认为，我国保管方面诉讼权力分配改革应"权责匹配"，目前国家机关一般无营利功能，如果只由国家机关作为一元的保管主体则适宜先锁定"保值"层面的财产权保护。如果改革将保管主体从"一元独大"扩展为"1+×"多元模式，则还可考虑如何"增值"，以使涉案财物经济价值最大化。本部分着重于对"跨机关保管机构"的建立论证与设计。

至于涉案财物的处置职权方面，本书第一章已将其分为过程性和终局性等类处置。此处探讨的过程性处置指对物收集调取等侦查行为，包括送交、调用等。终局性处置如诉讼终结时没收、返还或移交处理等。可见，"处置"是"侦、诉、审"的必然延伸。过程性或终局性处置的裁决权都应归"侦、诉、审"的专门机关享有，保管机构不应有处置的裁决权，仅可将有权机关的处置决定具体实施或执行。

总之，笔者主张对涉案财物"保管、处置"与"办案"的"管办分离""管处分离"，不建议由公安独管。除了因为涉案财物本已在公安机关积压，事务性工作不宜占用有限警力以及公安机关同样缺少专业保管能

---

〔1〕 参见刘文峰：《犯罪收益独立没收程序研究》，中国政法大学出版社 2016 年版，第 206~208 页。

〔2〕 若管理的财物被判决没收的，该机构可给予附带民事索赔人优先受偿；若返还不没收的，该机构可通知社会债权人获清偿。参见"Justice/Portail"，载 http://www.justice.gouv.fr，最后访问日期：2017 年 8 月 1 日。

力，涉案财物保值无保障外，更为重要的是公安机关决定涉案财物的"入口"，若再全程管理及负责"出口"，保管过程必然不够公开。且缺少制约监管、不利于司法廉洁。若返还财物出现争议，对保管情况很难"自证清白"，容易制造新矛盾。

3. 节省司法资源、提升诉讼效率

建立跨机关保管机构减少乃至避免涉案财物在不同机关之间的周转，[1]并且公检法不再因各自建设保管场所造成司法资源重复和浪费，体现诉讼效益价值，同时能统一规范，省去主体多元造成的保管标准混乱和扯皮。

调研发现全国仅有西部 C 市自 2016 年初开始探索由公检法分阶段委托第三方专业保管涉案财物模式，有别于 2015 年~2016 年个别试点改革设想的公安机关代管、公检法共用模式。据笔者参与调研，C 市三机关委托某"保安服务总公司"建设管理中心，节约本级和七个区级政法部门分散重复建设费用约 1400 万元，每年常态化运行费用 500 万元；对办案单位的大型涉案财物还有上门接收服务，为办案人员缩短了约一半的移交周期。可见，统一建设保管机构确实减少了公安司法机关在场地、人员、经费与时间的重复投入。至于委托公司管理的模式有利有弊，需要充分发挥优势，扬长避短。一方面需满足刑事司法在侦查阶段证据的保密和侦查安全性要求；另一方面还需避免公司管理的市场化风险，以及考虑公司资质选择的标准、公司人员流动性、责任承担者等问题。综上适宜由公安司法机关之外中立的行政性机构代管为主，以体现管理的公权属性和责任确定性。改革首先须解决"保值"；若进一步要求达到"增值"目标，则可再考虑委托公司进行市场化管理，对此后文的部分将详论。

"高效"方面还表现为，网络信息管理平台对涉案财物的相关信息可实时在专门机关间快捷交互和共享，并以此形成大数据供统计分析，为解

---

[1] 据 2017 年 7 月调研贵州司法改革，当地三机关通过技术手段单向传输电子化卷宗资料，使同类案件办理时间同比缩短 30%。可预见通过网络信息管理平台传输涉案财物数据，将较大幅提升效率。

决公安司法机关各阶段涉财执法司法问题提供参考依据。

4. 互联网提供安全技术支持，跨机关统一保管成为可能

对涉案财物保管职权分离于公安司法机关、执行权集中于专门保管机构具有理论正当性，除此之外，在技术上依赖成熟、安全的互联网科技手段，信息管理平台的建设也使跨机关统一保管涉案财物成为可能。现代互联网技术广为运用，早已成为信息传播的媒介，具有同步、即时、迅捷等优势。但在公安司法系统办案实践中，特别是刑事审前阶段案件信息需要保密、不宜对不特定人公开，公安司法机关各自配备内部网络，外部无法进入。公、检、法机关也无法相互进入对方的内网，甚至同一系统内还有不同授权的密钥。前述涉案财物司法困境很多源于公安司法机关之间的信息不对称、涉案财物的信息壁垒。但不能因此打通公检法各自的内网、使其办案信息互通，那样会变成公检法联合办案、违背诉讼规律。笔者主张的跨机关实体机构正是在此意义上解决涉财财物信息分散的难题。同时需避免陷入另一极端，即不能让跨机关保管机构垄断涉案财物信息而使公安司法机关本身失去涉案财物信息源。正是在互联网时代，依靠"网闸"[1]对不同内网链接，建设保管机构的网络信息平台。该平台将分别链接公检法系统内网的涉案财物管理专区，保证专门机关与此机构就涉案财物信息实时共享；同时保证公安司法内网的其他领域数据屏蔽互联、不受访问。"网闸"技术设备加信息"有限推送"能保证安全和保密。通过此平台公安司法机关推送和接收的信息仅限于涉案财物；另外，保管机构仅对专人授权查看，且其不知悉案情和诉讼其他信息。因此，互联网平台及网闸保护下信息"有限推送"提供技术支持、建设与各专门机关涉案财物领域限定链接的信息平台，使跨机关统一保管设想成为可能。

综上，跨机关保管机构将解决现有方案、试点改革的不彻底性，而且

---

〔1〕 即"安全隔离网闸"（GAP），系"由带有多种控制功能专用硬件在电路上切断网络之间的链路层连接，并能够在网络间进行安全适度的应用数据交换的网络安全设备……使用带有多种控制功能的固态开关读写介质连接两个独立主机系统"。网闸根本上避免其他一切连接，防止"黑客"入侵和信息泄露。参见百度百科"网闸"，载 https://baike.baidu.com/item/%E7%BD%91%E9%97%B8/10919737? fr=aladdin，最后访问日期：2017 年 10 月 22 日。

预期可解决诉讼各环节处理没有严格的操作依据，各专门机关处理涉案财物标准不一致、处置比较混乱的难题。总之，将提升刑事执法、司法处理涉案财物规范、顺畅、有序程度，夯实司法裁判的证据基石。另外，建立跨机关保管机构还具有以下理论意义和价值。

第一，加强人权刑事司法保障的广度和深度，拓展刑事诉讼目的，探索多元价值共融模式。随着市场经济飞速发展，我国社会及公民财产维权观日渐强化。"保管"涉案财物，不仅是通过正当程序对在案证物完整保存，更是对财物价值及相关者宪法性重要、基本的财产权保护。跨越办案机关，建立涉案财物保管机构，从以往"惩罚犯罪，保护人民"[1]、对涉案者打击到强调对涉案物权专门保护。而且所保护的权利主体不止于当事人，它是围绕物的权利归属展开。因涉案财物不限于被追诉者、被害人所有，善意第三人等案外人具有利害关系的亦应成为被保护者。[2]理论上对我国刑事诉讼传统双重目的之"保障人权"范围扩展。[3]重视涉案财物保管也是最大限度保障司法裁判定案的可靠根据，通过严格保管的证据严格司法。由此"惩罚犯罪"的另一传统目的在建设跨机关保管机构后被转向"依证据裁判"；以及从侧重惩罚追诉犯罪到防范诉讼中涉财执法司法腐败，防止追诉中衍生新的违法犯罪。跨机关保管机构兼顾诉讼多元价值，规范集中保管体现程序公正和秩序价值；无需专门机关间扯皮移送、节省各自保管成本、与诉讼同步及时处置体现诉讼效率、经济价值；通过证据保管有利真相发现，向实体公正价值迈进。能共融多元价值主要因没有部门利益、不会"部门本位"行事的"跨机关"模式。

第二，"技术化"方式实现机构变革，为司法改革提供"双向维度"兼容方法论。有学者认为司法改革可从两个层面着手，包括"司法机关之

---

〔1〕《刑事诉讼法》第1条。

〔2〕应包括主张对其享有物权，理论上为所有权和他物权（用益物权和担保物权）的利害关系人。

〔3〕以往的"保障人权"旨在保障诉讼参与人，尤其是被追诉者诉讼权利，侧重关注不受刑讯逼供的人身权保护。涉案财物不当保管侵犯财产权问题应成为人权刑事司法保障的另一主题。

设置、职能、地位、人员及内外关系等宏观结构"〔1〕即司法体制性改革和"司法运行的规则、具体程序、制度等微观技术"〔2〕即司法运行机制性改革。笔者主张建立跨机关保管机构,涉及保管及处置涉案财物的机构制度建设、规则与程序设置等微观技术性改革。同时,也以对物的保管与处置职能、从专门机关中剥离职权、新设机构与专门机关间关系等宏观内容为前提。所以,这种通过对物操作的"技术化"方式实现机构变革,将宏观改革寓于微观技术的方式为司法改革提供"双向维度"兼容的方法论。

第三,丰富刑事诉讼客体理论,为"涉案财物"成为诉讼客体提供支撑。"刑事诉讼客体"理论源于大陆法系,与主体、行为理论并举,系刑诉理论范畴"核心问题"。〔3〕德国学者认为广义上指"究竟被告是否曾经应负罪责地(schuldig)犯一可罚性之行为,以及对其应处以何种法律效果"〔4〕;狭义即被告的被起诉行为,也是审判程序标的。该理论可澄清的事项有三:表明法律程序标的、概述法院调查及判决界限、规定法律效力范围。〔5〕虽中外理论都未单独言明"涉案财物"的客体地位,但笔者认为无论广、狭义,"涉案财物"都应为刑诉客体。中外法律都有针对物的刑事没收程序,〔6〕对物的"追缴、没收"属"法律后果"范畴。〔7〕而且我国刑诉法确立定罪前违法所得没收特别程序,及定罪后必须处分物的新规定,〔8〕立法已在形式上使"涉案财物"成为裁判对象。对涉案财物专门独

---

〔1〕 陈光中、魏晓娜:"论我国司法体制的现代化改革",载《中国法学》2015 年第 1 期。

〔2〕 陈光中、魏晓娜:"论我国司法体制的现代化改革",载《中国法学》2015 年第 1 期。

〔3〕 参见张小玲:"我国刑事诉讼客体再探究",载《政法论坛》2010 年第 1 期。

〔4〕 [德]克劳思·罗科信:《刑事诉讼法》,吴丽琪译,法律出版社 2003 年版,第 179 页。

〔5〕 参见 [德]克劳思·罗科信:《刑事诉讼法》,吴丽琪译,法律出版社 2003 年版,第 179 页。

〔6〕 参见初殿清:"违法所得没收特别程序的性质与案件范围",载《法学杂志》2013 年第 8 期。

〔7〕 德国刑法将"追缴和没收"与"刑罚"并列于"行为的法律后果"中,在我国虽不是刑罚种类,但规定于刑法典"量刑"中。英美强调带有法律评价的"诉因"制,美国刑事没收属定罪后的量刑内容。

〔8〕《刑事诉讼法》第 245 条新增"法院作出的判决,应当对查封、扣押、冻结的财物及其孳息作出处理"。

立保管后，侦控机关对本应提交司法调查并终决的物将无法随意处置，这就使物实质成为诉讼客体。建立跨机关保管机构既为证明犯罪事实保管涉案财物，也为司法处分涉案财物而保管；不仅使法院处分物时审判客体有制度、机构保证，也在更广泛诉讼全程意义上将物客体化。这将深化客体理论，实现对辩护权、诉审同一、集中审理方面价值。

三、跨机关保管机构具体方案

（一）跨机关保管机构的功能定位

1. 名称选择及定位

笔者主张建立的跨机关"保管"机构名称取决于职权范围。该机构无实体或程序性处分权限。即使原来附属于公安或司法机关时，也非侦查或司法主体；建设的新机构将从专门机关剥离，更不应具有侦查或裁判等职权。在"保管"或"管理"的称谓选择中，该机构应更倾向于"保管"。[1]笔者在此研究报告中所论对涉案财物的"管理"，即除保管之外的其他职能将主要赋予该专门机构之外的主体。

功能定位上，保管为主、执行为辅。如果类比羁押机构"看守所"，跨机关保管机构可形象化为对"物"的看守所。被追诉者进入看守所后，一般不会随诉讼而流转于不同场所羁押，而是由不同机关办理换押手续、凭证押解人。涉案财物的过程性处置可借鉴对被追诉者的未决羁押模式，通过跨机关保管机构采取"实物不动、文书凭证流转、责任转移"的形式，将对物的处分职责流转到专门机关。至于将其定位为执行为辅，主要是出于执行便利考虑。因裁决已确定，理论上任何机构执行后结果都应相同。所以，由保管机构执行并无不可。况且，看守所代为执行刑罚已有先例。[2]

---

〔1〕　保管侧重对物品进行保存、看管；管理侧重主持、负责，照管、经营，控制甚至处理的意思。

〔2〕　如法院宣判后徒刑余期不超 3 个月的仍在看守所服刑。

2. 确立保管时效制度

该机构定位中的"保管"最令人担心的还是将来物品"只进不出"、积压过量。在空间上固定场所保管，但不意味时间上永久积存，正如诉讼时效。因场地终有饱和之日，[1] 保管机构定位应当是动态式保管、有序化进出，不能"一保到底"。

没随诉讼分流或处置，且不需返还、不上缴的证据类物品，其财产价值一般没有诉讼证据价值重要，[2] 或证物本身价值低、权利归属不明，若无限期保管则成本过高，对此应建立保管时效制。除最高人民法院终审外，超过保管时限的经拍照或摄录后经终审的上一级法院审批可销毁。从"不得做自己案件法官"角度考虑，终审法院不宜决定"销毁"本院审结的涉案证物，至少上一级法院决定才有正当性，也体现审级监督。笔者主张未侦查终结的涉案财物除已过追诉时效外应由保管机构长期保管，但利害关系人生产生活急需并申请归还的可经办案机关批准返还；判决生效后证据不返还且不上缴的仍由保管机构保管，但设定保管时效一般为 15 年。重大命案的涉案证据性财物应长期保管，不受此限。[3] 其一，未侦查终结的，除追诉时效外侦查无法定时限，另外逃避侦查等属追诉时效例外的也无须限制保管期，但出于财产权保护和人道主义精神对涉案物利害关系人生产生活必需且申请归还的可以返还；其二，因我国审判监督程序纠错之需，尤其考虑到重大命案可能涉及极刑，改判需特别慎重，故对重大命案冤错平反所需之证据不适用保管时限。但其他案件裁判生效后确定 15 年保管期。[4]

---

[1] 如笔者 2016 年夏调研南方某市区公安涉案财物保管室在全区范围租用七个场地，对机动车等庞大物品专门管理。"扣车场"中 X 乡车场租用地六七千平方米。但车辆仍"越进越多"，七个场地依然不够用。除了大型物品，有的类案如非法集资案中纸质凭证材料等实物"浩如烟海"。

[2] 如价值低廉的凶器、血衣、沾有犯罪嫌疑人体液的内衣裤等物。

[3] 参见李玉华等：《公安机关侦查人员合法取证指引》，中国人民公安大学出版社 2013 年版，第 69 页。

[4] 源自最高人民法院、国家档案局《人民法院诉讼文书立卷归档办法》（1984 年），即刑事赃证物除上述途径处理的至少保存 15 年，另参见最高人民法院 1964 年《关于刑事案件中证物保管问题的批复》。

（二）跨机关保管机构归属问题

1. 中立于办案专门机关的必要性

从保管的职权属性及保护财产权出发，保管者性质上应为中立机构。行政隶属关系上也不应依附于公检法等专门机关。犹如看守所被呼吁改变部门归属定位，从公安管理中脱离、归由司法行政机关管理，"物"的看守所也同样面临这种必要性选择。因公检等机关行使侦查取证职权、负担举证责任，法院审查认定需排除预断，理论上不应在判决生效前让办案方保管证据等涉案物品；甚至审结后保管者也应利益无涉，仍不应由公安司法机关保管。

2. 政府公物仓代管的可行性分析

笔者于 2015 年至 2016 年调研的南方一线城市以及北方很多中小型城市都有政府公物仓。公物仓一般由财政部门下设，管理比较制度化，包括管理办法和具体执行规定。[1]公物仓职责中就包括收储执法单位罚没、收缴、上缴的物品资产。被作出行政处罚或刑事判决后执行的涉案财物归宿即在公物仓。其建制宗旨即在维护入库资产的安全完整、整合盘活、物尽其用。"保值"是其底线。试想，在其中开辟专门的保管场地供涉案物品在诉讼过程中存放、保管"保值"应该不成问题。即使依附于其他机关或部门专门再建保管场地也同样耗费资源成本，索性在公物仓中扩建或专设并不增加太多总体成本。

公物仓在管理体制上外部监督比较周密。各地财政部门是公物仓的综合管理者。监督者包括对公物仓管理予以审计监督的审计部门，还有公物仓资产管理事项所涉及资产的各单位主管部门。涉案财物归口公物仓代管，并非任由财政部门一家独揽大权。

在软件具体规范上，公物仓资产的处置程序、资产收益等均有明确规则。包括类似诉讼法中执行回转的退库程序有的地方都有比较详尽的操作规定。当然，制定涉案财物的保管规范需要涉及刑诉专门机关与之职权

---

〔1〕　如 2013 年底山东省菏泽市《市级政府公物仓管理暂行办法》，2014 年底江苏省徐州市《市级政府公物仓管理暂行办法》等。

配置。

实践中刑事涉案财物被拍卖、变卖就有财政部门实际操作的。如笔者调研了解的南方某城市对涉案机动车辆由公安机关外租场地保管，待到法院裁判后，保管或办案机关会通知财政部门，待财政部门组织拍卖或变卖活动，包括带领竞拍竞买者到场开展相应竞买活动。上缴国库其实可以简单理解为交付财政部门，现行的公安或其他保管机构可视为交付执行。其实，拍卖变卖本身可视为已交给国库处置，财政部门在终审后具有实际管理涉案财物的职责。

从软硬件条件到实际接手涉案财物考虑，财政公物仓是公检法外政府部门中最有现实条件可以保管涉案之物的业务单位。如果建设跨机关的保管机构完全可以在公物仓中设专仓，将公物仓保管前置于诉讼伊始就开展，具体可根据物品类别分设普通、贵重、检材、违禁、涉密、电子等类保管。有条件的在公物仓内开辟机动车或大型物品仓，所在地公物仓不便存放的由外部专门地点设置专业仓库或场所保管。总之，按照分类、保值的要求进行保管。

（三）跨机关保管机构与公检法等专门机关间的权责配置与监督

1. 专门机关不需进驻，"双网"模式实现同步监督

建立中立的保管机构后不需要公检法人员派代表进驻。该机构跨不同机关、非联合办案。通过网络技术创建"双网"运行模式——保管机构有专门的涉案财物录入流程网，公检法等专门机关将各自系统内网通过网闸保护开辟链接进入保管机构专网。保管机构与公检法机关不存在隶属关系，也不是合作或配合关系。案件进入下一个诉讼阶段也将彻底不用移送涉案财物，入库清单凭证即代表移交处置权，相应的办案机关按文书内容和双网共享信息对保管机构实时监督。侦办案件或审查判断证据时认为有调取核实原物必要的按程序可随时借出、用后归还。[1]

---

〔1〕 调用前后出进保管仓应有摄像头摄录、拍照，以电子影像资料形式客观记录证据外表可能发生的变化。物品流转情况以扫描电子标码方式随时在系统中更新状态。当调用涉案物鉴定时，如果系检材类易消耗物，调用前后应当有数量、质量等变化的详细数据记载录入系统。对鉴定检材的剩余部分仍需完整保管。

2. 设立侦控机关对涉案财物的处理建议制，增加诉讼阶段对物职责

现行法律及实践中侦查机关的起诉意见书、公诉机关的起诉书里都针对被追诉者的控告，对涉案财物至多只在起诉书后附清单或侦查卷宗里有文书入卷。对涉案财物唯司法终决是正当合理的，但侦控机关在办案阶段结束提出处理意见或建议应是权力也是责任。从诉讼客体理论及诉讼规律出发，如同对被追诉者不告不理一样，控诉及追责建议也应及于涉案物，否则法院不能主动审判。具体而言，常规程序中侦查机关在起诉意见书中应对涉案物提出相关处置意见、检察院在起诉书里则应对涉案物提出处置建议。既然建构对物的公诉建议制，检察院在控诉、举证被告犯罪行为的同时也应对涉案财物的追缴、没收等处置结果承担举证责任，待法院一并裁判。

3. 改革审结后执行阶段对物职责

《刑事诉讼法》新增"法院作出的判决生效以后，有关机关应当根据判决对查封、扣押、冻结的财物及其孳息进行处理"[1]，但"有关机关"含义模糊。据笔者调研，各地实际执行中基本有三种途径：第一"司法执行"，即非法所得拍卖的施行主体为法院；第二"辗转由财政执行"，即法院裁判后通知保管涉案物的公安机关，公安机关再提请财政部门组织执行；第三"协调由公安执行"，即裁判生效后没有及时执行，当堆积在公安机关的涉案物过多，当地政法委出面协调后，往往由公安机关主要承担拍卖、交付国库之责。但公安机关一般未涉足物品拍卖业务、执行多费周折。现行司法解释虽规定刑事裁判"涉财产部分"[2]由一审法院或财产地法院执行，但宜理解为对已随案移送的或不在公安机关实际保管，法院查封、扣押、冻结等实际决定或控制下的。即选择执行主体时应考虑是否实际保管及具体实施能力。

围绕财政部门公物仓建设涉案财物保管机构后，法院或公安机关都不再实际保管。除在金融机构冻结或查封、封存的，保管机构应出于便利原则在审结后执行，并由至少二人完成。需上缴国库的由法院在信息平台中

---

[1]《刑事诉讼法》第 245 条第 4 款。

[2] 参见《高法涉财执行规定》第 1 条，其与本书探讨的涉案财物并不完全等同。

变更涉案物状态,公物仓继续接管。物品在公物仓内转移至罚没财物区,性质已属国库之物。但若需通过拍卖、变卖方式上缴的,为避免保管者与组织将物变现者重合,保证实施者利益无涉、防止涉案财物执法腐败,建议由公物仓所在财政部门的上一级财政部门业务机构组织拍卖、变卖。上提一级的做法也有利于在更广范围内实际卖出。

(四)跨机关保管机构的运行程序

1. 明确入库的时限与审查、保管方式

明确规定公、检等办案单位移交涉案财物至保管机构的时限,以便在提取涉案财物后尽早实现统一、集中、规范保管的目的,形成一元化为主的保管模式。建议规定侦查人员扣押或提取的涉案财物应当及时送交保管机构,至迟不得超过 24 小时。[1]这与拘捕人的送押时限具有同步性,可在相同期间内由同样的办案二人完成。当然,有条件的可由办案单位专人负责定期组织集体移送不超过入库时限的物品。

特定侦查行为需及时进行或保密,为协调移交时限与侦查效率的矛盾,对需及时鉴定、辨认,或经技术侦查取得有保密必要的,应允许在机关负责人批准下先行侦查,待行为完成或技侦期满后立即移交。

保管机构及工作人员并不承担办案业务。对涉案财物接收时,保管机构原则上仅作形式审查。要求实物与法律文书、附卷清单显示信息一致,审查清单记载的项目要素是否齐备,如物品名称、数量、主要特征、来源、相关人员签字。[2]接收后按照分类兼分案方式保管。微量物品装入统一配备的收纳袋再张贴"类和案"代码标签、大宗物品直接标识,扫码入库。

2. 利用互联网技术创设无需出库的使用方式

据调研,2015 年以来有地方检察系统试点远程视频讯问方式审查批捕;在 S 市个别刑事简易程序无需看守所内被告出庭而以远程视频方式开庭审讯。涉案财物保管机构可借鉴设置专门视频审查室,在检察院审查批

---

〔1〕 根据物之特性,在原保管制度下不需入库的仍移交特定部门;扣押现金类款项的存入保管机构专设账户,上述流转凭证或存款回执由办案人员及时录入"双网系统"。

〔2〕 查封、扣押等清单在采取侦查行为当场开列,一式三份。在建成中立的保管机构后三份清单分别交物品持有人、保管机构、附卷。

捕、审查起诉，法院审判时可通过远程视频连线方式审查判断证据。[1]审查起诉实务中检察院主要审阅卷宗，包括证据卷中照片、笔录等材料。如果发现矛盾且侦查机关无法解释，则会核查实物。庭审中通常对控辩双方分歧较大的关键证据也要以原物出示。照片容易失真，视频会迅捷、全方位、生动展现作为证据的涉案物。对视频审核或质证后仍有重大疑问或争议，且"涉案财物不便搬运的，可由检、法办案人员到保管现场审核，必要时可邀请辩护人参加"[2]。若庭审质证疑问未消，则辩护人有权要求参与现场审核。远程视频审核、特定条件下现场审核体现集中保管价值，实现诉讼公正和高效。

（五）财产权保护与救济机制

1. 分流、终局处置与财产权保护

财产权保护阶段分为诉讼中和诉讼终止后。诉讼中当涉案财物即将受到不可逆的损害风险或无继续保管实质必要时，应及时分流处置。为与追诉犯罪、证据裁判的需要相协调，保护前提是不妨碍诉讼正常进行，被追诉者对证据无异议且需影像固定该证物。在此条件下，如涉案物濒临贬值、相关权利人申请变卖的，可由办案机关商请财政部门提前变卖，将款项入专账待诉讼后处理；已查证涉案财物及孳息属被害人或案外人合法所有，且满足条件，办案机关均应主动或依申请决定返还。

不同阶段诉讼终止对涉案财物的处置应体现对财产权的终局保护，非经法定程序不得再限制。除被裁判没收、上缴国库的，主要保护方式为返还权利人。如判决无罪或不属没收范围的应由法院判决返还；案件被侦查机关撤销或由检察机关决定不起诉的，其决定书中应明确返还或其他处理方式。

建成跨机关保管机构后，应统一通过保管机构执行。裁决机关仅需在信息系统更改涉案物性质，权利人依凭证到保管机构领取。

---

〔1〕　此为笔者所在课题组 2016 年至 2017 年为 S 市 B 区起草、修改试点细则时提议。
〔2〕　笔者所在课题组 2016 年至 2017 年为 S 市 B 区起草、修改试点细则时提议。

2. 完善救济机制

现行法对此救济集中体现在检察监督和复审程序。前者立法中只强调认为涉案财物处置失当向检察院申诉，应增加当事人、利害关系人认为涉案物没被移交保管机构或没被处置的，有权申请检察监督。

后者中违法所得没收特别程序仅赋予对物主张"权利"的利害关系人、被追诉人近亲属之上诉权，[1]而对没收"裁定"，被害人无权请求检察院抗诉。因"违法所得"可通过赃款转化为其他财产，或表现为"混合""利益收益"等形式，[2]则对违法所得主张"权利"者范围其实不能完全涵盖被害人。司法解释忽略了转化型"违法所得"，转化前被害人所有、转化后利害关系人所有的情况。被害人没有实际的救济权很可能不利于退赔，又因该特别程序仅针对物，被追诉者不在案，赋予被害人上诉权不会实质影响被告诉讼权利，故没收程序中应同时赋予被害人对物裁判的上诉权。

立法中定罪后判决涉案财物的普通程序当事人享有上诉或请求抗诉权，一方面应当允许其专门针对物的判决部分提出救济要求，另一方面法律不应缺失对利害关系人的关照。从周延保护角度，应赋予对物主张"权利"的利害关系人请求抗诉权。此外，执行阶段利害关系人还可参照民诉规定启动执行异议。

最后，因建立跨机关保管机构，还有必要规定通过保管机构的主管或上级机关救济制度。对公安司法机关的裁决，公物仓不配合执行、导致相关权利人财产权受损的，其有权向保管机构主管或上级机关投诉、举报、控告或申请国家赔偿。

---

〔1〕 参见 2021 年《高法解释》第 616、617 条。
〔2〕 参见陈卫东、李响："论违法所得没收特别程序中的利害关系人"，载《政法论坛》2015 年第 1 期。